［くにたて式］

中学勉強法

学年順位アップ率96.6%！

國立拓治　さくら個別指導学院 代表
Takuji Kunitate

大和出版

はじめに

「本物の勉強法」だからこそ、必ず成績が伸びる！

「成績を上げたいけど、勉強のやり方がわからない」

そんな中学生のあなたを助けたくて、私はこの本を書くことにしました。

なかにはいるんです。

ただ勉強をしていないだけなのに、言い訳として保護者にこのセリフを言う中学生も。

しかし、あなたは本当に成績を上げたいと思っていますよね。

その証拠に、こんなに文字ばかりの分厚い勉強法の本を手にとって、いま、この文章を読んでくれています。

大丈夫です。

この本に書かれていることを実践してもらえれば、必ずあなたの成績は上がっていくことをお約束いたします。

私は、自分が経営している学習塾で日々、中学生へ学習指導をしています。

「勉強に困っている子どもたちの力になりたい」という気持ちで今日まで指導を重ね、気がつけば指導歴は25年を超えました。

その結果、自塾の生徒の定期テスト学年順位アップ率は96・6％となり、近隣の13もの中学から生徒が通ってくれる、超人気塾となることができました。

ありがたいことに、いまでは教室に生徒が入りきれなくなり、期の途中で生徒募集を停止しなければいけない状況にまでなってしまったほどです。

逆に言えば、私が直接、力になれる子どもたちの人数の上限に達してしまったということですね。

「教室の広さに制限されず、もっと多くの中学生たちの力になりたい」

「長年、塾で指導をしてくることで得た中学生の勉強法を皆に伝えていきたい」

湧き上がるこんな私の気持ちをぶつけたのが、この本です。

あなたにとって、私は聞いたことがない名前の先生で、「本当にこの本を頼りにしてしまっていいのかな？」と半信半疑でしょうが、私はあなたの力になれる自信しかありません。

なぜそう言いきれるのか？

理由は、大きく2つあります。


まず、この本に書いた勉強法が、実際に私が指導現場で実行してきて成果を出した「本物の勉強法」だからです。


試行錯誤の期間は25年。

私の塾の生徒に指導するように、具体的かつ丁寧に書きました。

だから、必ずあなたのお役に立てるものと確信しています。


理由の2つ目は、私が自塾のブログで15年前から5000日以上、毎日の更新で、主に中学生にとって役立つ情報を発信し続けてきたからです。


その成果として、自塾ブログのページビュー数は月間最大50万になり、ブログの更新通知では毎日1000人に通知を送っています。

ちなみに、この本の図表も自分でつくりました。

ブログで図表をつくってきた経験が、ここで活きてきたというわけですね。

手前みそになりますが、私がつくった図を使った掲示物はわかりやすいと、教室に掲示してくれている塾が全国に多数あるほどです。

こんな理由から、私はあなたの力になれる自信しかないのです。

中学入学から高校入試を終えるまで、中学の勉強はこの1冊があれば大丈夫。

この本は、そう断言できる1冊です。

私自身、中学生のときにこの本を読めていたならば、どれだけ成績が伸びていたことか。

私のような思いをしないためにも、ぜひ、あなたの力にならせてください。

あなたが、この本でお伝えする**「[くにたて式]中学勉強法」**を身につけて成績を上げ、充実した中学生活を送れるようになることを楽しみにしています。

さくら個別指導学院　代表　國立拓治

＼学年順位アップ率96・6％！／

［くにたて式］中学勉強法

目次

第1章　どの子にも抜群の効果！ まずは「くにたて式」の根幹を身につけよう

第2章

学力のベースが築ける！「日常&長期休みの勉強」はこう進めよう

第3章

内申点がグンとアップ！

「中間・期末テスト」はこのやり方で臨もう

第4章 ライバルとグッと差がつく！［教科別］点数が驚くほど伸びる勉強法

第5章 ここが勝負の分かれ目！「部活」や「塾」との両立をどう図るか？

第6章 これで万全！ 高校入試で必ず栄冠を勝ち取る「中3からの勉強法」

本文デザイン 村﨑和寿

第1章

どの子にも抜群の効果！

まずは「くにたて式」の根幹を身につけよう

1 なぜ、私の教え子たちは驚くほど成績が伸びたのか？

「お母さま、もしも集団指導塾も含めて塾をお探しでしたら、それぞれ指導形態が違うので、よく比較されるといいと思うのですが」

「もしも個別指導塾と決めて塾をお探しでしたら、正直うちの塾を選ばれると満足していただく自信があります」

「一度、授業を体験していただいてみて、ご検討ください」

私は、面談にいらした保護者の方に対して、毎回このようにお伝えしています。

そして、謙遜抜きで言うと、実際に私の塾を選んでいただくことが大半です。

それにしても、なぜ、こんな強気なセリフを言うことができるのか？

それは私の塾が圧倒的な実績を出し、地域で圧倒的な支持を得ているからです。

「はじめに」でお伝えしたように、入塾後に学年順位を上げる子の割合は96・6％。

年度途中で塾を退校する生徒は年に1人いるかいないか。

近隣13校もの中学から生徒が通塾し、受験学年の生徒は前学年の冬に定員となって募集を停止します。

ここで、ほんのごく一部ですが、私の塾に通ってくれた生徒と保護者の方から寄せられた「喜びの声」をご紹介させてください。

●偏差値40台だったのに、塾で努力の仕方を学んで偏差値70近くまで学力を伸ばしました！　自信がついて前向きになりました（中3女子の母）

●中2のときに比べて点数が167点上がって学年順位は97位も上がりました。正しい勉強習慣と勉強法を教えてもらえて本当によかったです（中3女子の母）

●塾で勉強法を教えてもらって全力で取り組んだら、学年順位が130位上がって内申点は12も上がりました！（中3男子）

●学習ペースと学習量を指示していただいただけで、定期テストで学年順位1ケタをとってきました。日々の習慣の大切さを教えてもらいました（中2男子の母）

●「勉強はやる気や才能じゃない」と、日々頑張れるようになりました。おかげで2学期の中間テストで過去最高順位（8位！）をとれました（中3女子の母）

●勉強へのやる気が感じられない子でしたが、塾で勉強をするようになってからやる気が出てきました。「やる気スイッチ」は勉強してから出てくるものなのですね！（中1男子の母）

●勉強習慣ができていなかった我が子に、先生が入塾面談で「正しい方法でやってみたら500%成績は上がるよ」と言ってくれました。その後、言葉どおりすぐに成績が上がって本当に驚いています（中2男子の母）

これらの実績を出せた理由は、私が学習指導を四半世紀重ねてきて、試行錯誤の末に「成績を上げる中学生の勉強法」を確立したからです。

そう、中学の勉強には中学特有のコツがあるのです。

ちなみに私が生み出した中学生の指導法を本書で公開するにあたり、今回、**「「くにたて式」中学勉強法」**と名付けてお伝えすることとしました。

「くにたて」とは塾長である私の名字からとっています。

次の項目では、この「くにたて式」が具体的にはどんなものなのか、その**「全体像」**をご紹介することにしましょう。

2 ズバリ、［くにたて式］中学勉強法の全体像はこうなっている

私の生徒たちの成績をグングン伸ばしていった［くにたて式］中学勉強法——。

この［くにたて式］の特長をひと言で言うと、**「勉強する習慣」**と**「勉強の本質」**を確実に定着させたうえで、私がおすすめする**「正しい勉強法」**をしっかり実行していく、ということになります。

まずは、21ページの図をご覧になってください。

これは、［くにたて式］を木にたとえたものです。

当たり前のことですが、何よりも大切なのが「根」であり「幹」です。

文字どおり［くにたて式］の根幹となるもので、これがなくては何も始まりません。

具体的に言うと、根が「勉強する習慣」で、幹が「勉強の本質」ですね。

そこでこの章では、全てのスタートとなる「勉強する習慣」と「勉強の本質」をどう身につけていけばいいのかということについて、私の指導体験をもとに具体的にお伝え

していきます。

とはいえ、いくら「勉強する習慣」と「勉強の本質」を身につけたとしても、**「正しい勉強法」**を実行しなければ、大幅な点数アップには結びつきません。

そこで第2章以降では、グングン成績を上げていくための「正しい勉強法」を見ていきます。

● 第2章……学力のベースとなる「日常の勉強法」と「長期休みの勉強法」
● 第3章……内申点に大きく影響する「中間・期末テストの勉強法」
● 第4章……点数がグングン伸びる「教科別の勉強法」
● 第5章……「部活」や「塾」と両立させる方法
● 第6章……合格という栄冠を確実に勝ち取るための「入試勉強法」

ぜひ、これから私がお話しすることを参考にして、根を張り幹を育て枝葉を伸ばしていくことで、**「本当の学力」**を身につけてほしいと思います。

[くにたて式]中学勉強法の全体像

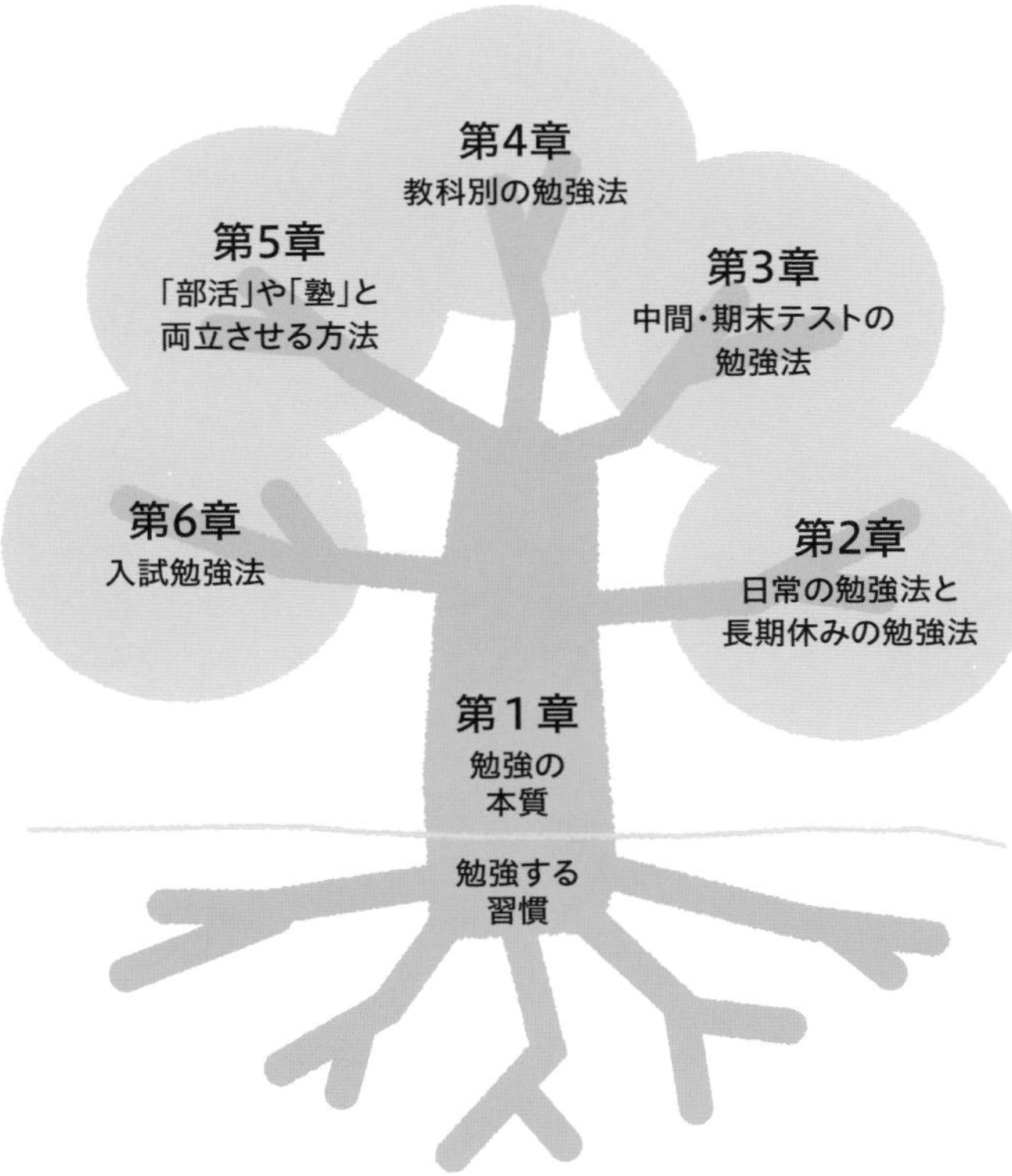

3 「くにたて式」の根は「勉強する習慣」を整えること

それでは、本論へと入っていくことにしましょう。

まずは、この本でお伝えする勉強法の全ての基本、すなわち「くにたて式」の根っことなる部分である**「勉強する習慣」**についてです。

この根がしっかりと張り巡らされた上に、あらゆる勉強法があります。

逆に言えば、勉強法が完璧であっても根が腐っていたらダメになるということですね。

「勉強法は正しいけど、勉強時間自体が圧倒的に足らないですね」

「勉強法は正しいけど、睡眠不足のために学校の授業も家庭学習も成果が半減です」

実際、塾の最初の面談でこのようにお伝えしなければいけないご家庭がよくあります。

そして、こういった生徒への塾での最初の指導が、ここでお伝えする「勉強する習慣を整える」になるのです。

この「勉強する習慣」については、すでに身についている人もいるかもしれませんが、とても大切なことなので、ここであらためて基本を確認してください。

「先生、やる気のスイッチをどこかに落としてきてしまいました！」

塾での一場面、冗談めかして私にこう言ってくる生徒がいました。

勉強に自ら取り組めない現状を、某個別指導塾のＣＭのマネをして、ふざけて言ってきたのです。

私はこのセリフに対して、

「やる気のスイッチなんてないからね！」

と答え、そこから続けて、やる気に対する大事な事実を伝えました。

「やる気はやってから出るの！」

「やる気はなくて当然、あったらラッキーなの！」

生徒たちには、こうしてやる気に頼らずに勉強するように促していきます。

ここで、勉強がとても得意な友人を2、3人思い浮かべてみてください。

その友人たちは、おそらく「うぉおお！　やってやるぜ！」とやる気に燃えて勉強しているわけではありませんよね？

どちらかと言うと、むしろ落ち着いていますよね？

勉強が得意な子たちが落ち着いて取り組んでいるのは、「やる気」ではなく「習慣」に頼って勉強をしているからです。

「やる気」に頼った勉強というのはたき火のようなもので、はじめは大きな炎が上がるものの、火力は安定せずに、気を抜くとすぐに燃え尽きます。

対して「習慣」に頼った勉強というのは炭火のようなもので、炎を見せずに静かに内部を燃やし、長時間、高温を放ち続けます。

勉強が得意な子たちと同じように、炭火のように末永く熱を発する「習慣」に頼って勉強をしていきましょう。

やる気はやってから出る！

やる気はなくて当然！あったらラッキー！

実際、習慣となった行動には「やる気」はいりません。

「昨日はやる気が出なかったから風呂に入らなかった」

「昨日はやる気があったから歯を磨いた」

などとは言わないですよね。

こんなことを言うと、

「え？　風呂とか歯磨きって、やる気の有無でやらないことなんてないでしょ？」

と周りの人に笑われることでしょう。

たしかにそのとおり。

習慣となった行動は、やる気の有無で取り組まないなどということはないわけですから、勉強を日常の習慣にしてしまえばいいのです。

そもそも中学までの勉強は義務教育です。

やる気や目標の有無にかかわらず取り組むべき種類のものですから、四の五の言わずに習慣にしてしまいましょう。

4 「やる気」に頼らずに勉強をしていけるようになる5つのコツ

それでは、やる気に頼って勉強をしてしまっている人たちへ、習慣に頼って勉強をしていく方法を具体的にお伝えしていくことにしましょう。

これからお話しするのは、私の塾の生徒たちに効果があった方法を、私の塾に通っていない人でも実践できるようにアレンジしたものです。

具体的には、自分自身で取り組むべき3点と、できれば保護者にサポートしてもらいたい2点の計5つになります。

①勉強時間を固定する!

まずは、家庭で勉強に取り組む時間帯を固定します。

基本的には、いつも宿題に取り組んでいる時間帯に固定するといいでしょう(詳しくは51ページでお話しします)。

②宿題をする力を借りて「自分勉強」を毎日5分やる！

学校の宿題に取り組む強制力を利用して、宿題後に5分でいいので、毎日、**「自分勉強」**（本書では、宿題以外で自ら取り組む勉強を「自分勉強」と呼ぶことにします）に取り組んでいきます。

5分というのは、

「どんなことがあったとしても、最低限、これくらいの時間は取り組めるだろう」

という考えから決めた目安です。

まずは、ここを最低ラインとして、さらに長い時間を目指しましょう。

大切なのは、「5分」ではなく圧倒的に「毎日」のほうです。

「毎日」が定着してから時間を延長していくことをおすすめします。

③学校配布教材を習ったところまで日々進める！

第2章でお話ししますが、「自分勉強」でやる内容は「学校配布教材を習ったところまで進める」にしておきます。

④誘惑をコントロールする！

これは保護者にサポートしてほしいところです。

①で決めた時間になったら、本人が勉強に入りやすいように、スマホなど本人にとっての誘惑の源を回収してください。

⑤学校配布教材の進捗点検をする！

これも保護者にサポートしてほしいところです。

本人が学校配布教材をきちんと進めていないように感じられた場合は、**「毎週末の土曜」**に学校配布教材の進捗を点検してください。

これを行うことの意味は、平日に完成を目指しつつ、やり損ねた教科があれば週末に取り組んで完成してもらうところにあります。

このタイミングで「点検が完了するまで〇〇を禁止」といったルールを加えると、本人の真剣度がアップします。

以上が、習慣に頼って勉強をしていくための方法です。

ここでは5点のコツを示しましたが、保護者のサポートなしで挑戦してみる人は、最初の3点だけ実践することをおすすめします。

自分1人での挑戦に挫折しそうなときに、保護者に頼んでラスト2点のコツを追加するといいでしょう。

さあ、さっそく今日から習慣に頼った勉強のスタートです。

決めた内容を書き込んでおきましょう。

「家で勉強するのは夕食（前・後）の　　時から！」
「学校配布教材は習ったところまで日々進める！（土・日に点検する！）」

保護者の協力を得るべく、決めた内容は保護者にも伝え、書いて目に見える場所に貼るといいでしょう。

やる気に頼らず習慣に頼る——。

これは勉強に限らず、ものごとを成し遂げるうえでの最大のコツなのです。

5 「絶対就寝時間」で万全の体調を手に入れよう

さて、習慣に頼って勉強に取り組む準備ができたら、今度は**「生活習慣」**を整えていきましょう。

具体的には、「睡眠時間を守るための習慣」を整えるのです。

私が日頃から生徒たちを見ていてつくづく思うのは、安定していい成績を取り続ける子は、決して塾で居眠りをすることがない、ということです。

その理由は、勉強のできる子は生活リズムを整えて日々の生活を送ることの重要性をよく理解していて、**日々充分な睡眠（具体的には8時間）**をとり、常に体調が万全だからです。

ちなみに、この体調万全な毎日を手に入れることを目指すにあたって、私は**「中学生の体調を整えるには『就寝時間』にだけ注意を払えばいい」**ということに気がつきました。

なぜなら、たいていの中学では給食があるので栄養が大きく偏ることがないうえに、体育の授業や登下校で適度な運動も毎日あるので、栄養面と運動面にはさほど気を配らなくてもいいからです。

そして、健康を大きく左右する睡眠に関しても、平日は学校へ行くために早起きせざるを得ない状況で、起床に関しては口うるさく言う必要がありません。

これらの理由から、就寝時間だけに注意を払っておけば、中学生の体調はしっかりと整うことに気づいたのです。

それでは、安定して8時間睡眠を守るべく**「絶対就寝時間」**を設定していくことにしましょう。

中学生の生活パターンを考慮に入れると、遅くとも「23時」までに就寝できれば、8時間睡眠を守ることができるでしょう。

この23時という時間は絶対です。23時を絶対就寝時間として守りきるべく、今回も保護者の力を借りて習慣としましょう。

まずは保護者にこの「23時絶対就寝」宣言をし、**「23時に寝室を消灯する」**と言ってしまいます。

始めてしばらくは、保護者に消灯してもらうといいでしょう。

また、定着するまでは実行を忘れぬよう、親子両方のスマホで10分前にアラームをかけるのもいいですね。

絶対就寝時間が23時――。

もちろん、この時間を早めるぶんには何の問題もありません。

いますぐ決めて書き込んでみましょう。

> 「絶対就寝時間は　　時　　分で、この時間に寝室を消灯」

絶対就寝時間を設定し、保護者にその習慣化の協力を得ることで、私の塾の生徒たちは皆、万全の体調を手に入れてきました。

ぜひ、あなたもこの習慣についても自分のものにできるようしていってほしいと思います。

6 「くにたて式」の幹は「×を○にする」こと

ここまでのところでは、勉強全ての土台になる「根」の部分についてご説明してきました。

ここからは「根」の次に重要な**「幹」**の部分についてお伝えします。

根の部分は勉強をする習慣を身につけることについてでしたが、幹となる部分は**「勉強の本質」**についてです。

「勉強にとって大切なコツを絞りに絞って1点だけあげるならば何？」

こんな問いかけに対する私の答えが、ここで書く内容です。

お伝えする内容は、言葉にすれば驚くほどシンプル。

一撃必殺の勉強法を求めている人からしたら、ガッカリするものかもしれません。

「もっとドカーンと派手なやつで、目からウロコが山盛り落ちるやつを教えてよ！」

と言いたくなる気持ちもわかりますが、1粒飲むだけで20キロ痩せたり筋肉ムキムキになるサプリメントがないように、知るだけで成績が劇的に上がる一撃必殺の勉強法もありません。

ここで勉強にとって一番大切でシンプルなことをあらためて確認して、学力アップへの一歩目を一緒に踏み出していきましょう。

それでは、答えをお伝えします。

ズバリ、「勉強の本質」とは、「×を○にする」こと、すなわち「できないことをできるようにする」こと――。

これに尽きます。

本来は学校で授業を受けるところからも含めて勉強と言うのでしょうが、重要な部分を理解してもらうべく、あえてこう表現しています。

「問題を解いて自分の理解度を確認し、×を○にしていく作業」こそが勉強なのです。

中学生の勉強の一連の流れについて知ってもらうべく、私の塾では37ページのような図を教室に掲示しています。

最初の2つのパート（「学ぶ」「覚える」）が**「インプット（覚える）の勉強」**、次の2つのパート（「問題を解く」「間違いを直す」）が**「アウトプット（解く）の勉強」**です（私の塾では、掲載した図と同じく、最重要な部分である「問題を解く」「間違いを直す」パートを大きく表現しています）。

インプットとアウトプットの理想的な割合は3対7だとよく言われています。

しかし、こと中学生の勉強においては、学習内容がそこまで難しいものではないということと、学校で授業を受講しているということもあり、インプットとアウトプットの割合は2対8でもいいのではないかと私は思っています。

それくらい、中学生の勉強ではアウトプットである**「問題を解いて間違いを直すパート」**が重要になってくるというわけですね。

そして、この勉強の一連の流れでも最重要になるのが**「間違いを直す」**という×を○にする部分で、ここにピントを合わせて勉強に取り組むことが何よりも大切なのです。

具体的にここの部分の取り組みを見ていきましょう。

中学生の勉強の流れ

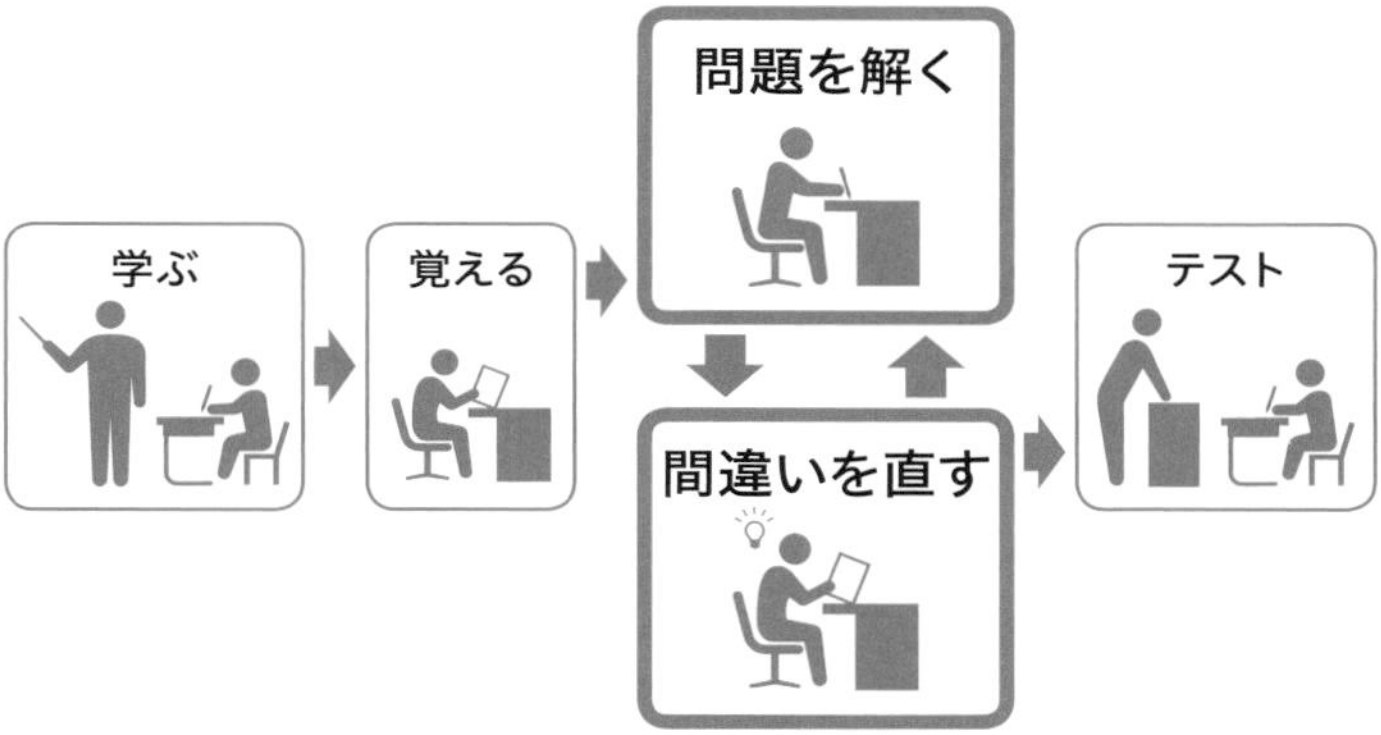

まず、×になった問題の**「正答」**を確認します。

暗記教科であれば、そこで**「教科書」**を確認しながら暗記のやり直しをしましょう。

数学など理解が必要な教科であれば、**「解答解説」**を読み込んで、理解できるように試みます。

理解できないときには、さらに詳しい解説が載っている本を調べたり、人に聞いたりするなどといったことをしていきます。

×の問題を半数以上○にできる見通しがついたら、ここから**「解き直し」**を始めます。

目指したとおり×が減り○が増えたならば勉強は順調です。

ここから、さらに×を減らすべく正答の確認をして、この手順を繰り返していきます。

いかがでしょう?

「これが勉強の全てです」とまでは言いませんが、これが「勉強の本質」です。

たとえば、「学校で授業を受け、問題集を解いて、○をつけた」という状態。

一般的には勉強をしたと言うのでしょうが、私の塾ではそうは言いません。

「それはできる問題とできない問題を分けただけで、まだ1ミリも賢くなっていないからね!」

「ここから間違いを確認して、解き直しをして、その問題が○になった瞬間に、初めて勉強をしたと言えるんだよ」

といった感じです。

できないものをできるようにする——。

とても大切なことなので、ぜひ、「くにたて式」の幹である「勉強の本質」を胸に刻みつけてください。

7 もう「ピントの外れた勉強」はやめよう

さて、前の項目では「勉強の本質」についてご説明したわけですが、今度は**「よくあるピントの外れた間違った勉強」**の例を見ていきます。

勉強が得意な生徒であっても、勉強法が間違ってしまっていることや、ピントが外れてしまっていることというのはよくあります。

ここで、自分がやってしまっている勉強がないかどうか確認をしてください。

実際、私がここまでにお伝えしたことをどれだけ実践しても、あるいはどれだけ勉強時間を長くしても、これからご紹介する取り組みをしているようでは成績のアップは望めません。

さあ、準備はいいですか？

それでは、さっそく勉強を進めていくうえでのパートごと（37ページの図をご参照ください）に、「ピントの外れた勉強」を見ていくことにしましょう。

①教科書をまとめる勉強——覚えるパート

このやり方で成果を出せる子はクラスで1人いるかいないかです。

「正しくまとめられたかどうかの判断がつかない」

「とにかく時間がかかる」

「そもそも教科書はまとまっている」

「覚える気でまとめていない子もいる」

などなど、弱点が多すぎる勉強です。

さらに、まとめるだけで問題を解かない子も多くいます。

問題を解いて理解度を調べるということをやっていないので、ひどい結果しか待っていません。

②教科書をながめる勉強——覚えるパート

たまに「見て覚えるのだ」と教科書をずっとながめ続けている子を見かけることがあります。

実際に問題を解いて正解していれば目標を達成しているのでいいのですが、問題を解かずにこの作業だけでテスト当日を迎える子もいます。

先ほどと同様、問題を解いて理解度を調べることをやっていないので、この方法でもひどい結果しか待っていません。

③教科書を見ながら学校配布教材の解答欄を埋める勉強——問題を解くパート

「覚える勉強」と「解く勉強」を混ぜてしまっているため、できる問題とできない問題が混ざってしまうことになります。

調べることで答えを埋めた問題は、実際に再度解いてみるとできないことが大半です。

これでは×が○になることはありません。

④○つけで正答を書き込むだけで×の確認をしない勉強——問題を解くパート

「学校に学校配布教材を提出する」ということにピントが合ってしまっているパターンで、「できないものをできるようにする」という視点はゼロです。

残念ながら、これも×が○になることはないでしょう。

⑤〇つけ後に×の確認をしたのに解き直さない勉強——問題を解くパート

×の確認をしているだけ先ほどよりもマシですが、解き直しをしなければできるようになるはずがありません。

この事実を理解していても、面倒だということで解き直さない子も見かけます。

こうした場合も、×が〇になることはないでしょう。

以上、ここでご紹介したどの勉強も「×を〇にする」ということにピントが合っていないことがおわかりいただけたと思います。

と同時に、なぜこれらのやり方では成果が出せないのかということもご納得いただけたことでしょう。

「×を〇にする」とは、言葉にすると当たり前ではありますが、何よりもこの当たり前のことを目指して真剣に取り組むことが大切です。

実際に学校配布教材を使っての詳細な取り組み方は後の章でご説明しますので、ここではまず、この事実をしっかりと覚えておいてください。

「ピントの外れた勉強」をしていませんか？

① まとめる勉強

② ながめる勉強

③ 調べて埋める勉強

④ ○つけして ×の確認をしない勉強

⑤ ○つけして 解き直さない勉強

以上、この章では主に［くにたて式］中学勉強法の根幹部分をお伝えしました。

- 日々、習慣に頼って勉強をすることで、安定して勉強に取り組めるうえに、大幅な学習量増を目指せる
- 「絶対就寝時間」を決めることで、日々、万全の体調で勉強をはじめとした全ての取り組みに100％の力をぶつけることが可能になる
- 「×を○にする」ことにピントを合わせて勉強することで、最重要な勉強パートに大きな時間と労力を割くことができる

ぜひ、このようなメリットを得ることができる［くにたて式］の根幹を家庭で実践してみてください。実際、この第1章の内容をやってみるだけで、成績が何段階も上がることを断言しておきます。

さて、次の章からは［くにたて式］の**「枝葉の部分」**を確認していきます。

第1章でお伝えした根幹の部分に、これからお話しする枝葉の部分を身につければ、まさに鬼に金棒。楽しみに読み進めていってください。

第2章

＼学力のベースが築ける！／

「日常＆長期休みの勉強」はこう進めよう

1 平日と土日の勉強時間の目安はどれくらい？

「中学生って、いつもどれくらい勉強しているの？」

「いつ勉強しているの？　何を勉強しているの？　大事なのは予習？　復習？」

「学校の授業はどうやって受けているの？」

「夏休みとか冬休みはどうしているの？」


この章では、中学生たちがモヤモヤと感じているこんな疑問に対して、主に私の塾の生徒たちのリアルな取り組みを通して明快に答えていきます。

すでにお話ししたように、勉強する際の本質的な基本は**「できないものをできるようにする」**ということです。

とはいえ当の私自身、中学生になったばかりの頃は、そうしたことを意識せずに、どこかで聞いてきた勉強法、たとえばノートに教科書の内容をただ写してみたり、やみくもに英単語でノートを埋めてみたり、などといったやり方をしていました。
そんな取り組み方だから、結果のほうもいま1つでした。
これからこの章でお伝えする勉強のやり方は全て、第1章でお伝えした「できないものをできるようにする」ということを目指して行うものです。
昔の私のようにならないよう、ここをいつも意識して取り組み、日々の勉強のやり方をマスターしていきましょう。

それでは、さっそく話を進めていきたいと思います。

あなたは、中学生の日々の勉強について、どれくらいの時間やったらいいと思いますか？

親が言う目安でやってみればいいのか？
学校の先生が言う目安でやってみればいいのか？

ズバリ、日常の勉強時間の目安は、平日1・5時間、土日2・5時間です。

これは塾などの予定がなく、中間・期末などの定期テスト前でもない普通の日の目安です（後でお話ししますが、塾のある日の勉強時間は半分ほどに減り、定期テスト前は倍以上になります）。

この数字はどこから来ているのかというと、私の塾で勉強が得意な子たちにとったアンケート結果からです。

アンケート対象は学校の定期テストで学年順位が1ケタの生徒に限定して10名。

最高学年順位の平均は1・9位、通知表合計の平均は42・2です。

9教科オール5で45になるわけですから、各教科ほぼ5という成績の生徒たちのデータなのです。

実際に成果を出している中学生たちのリアルなデータですから、この数字を参考にしてもらうのが一番いいのではないかと思います。

まず、平日の勉強時間の1・5時間についてですが、意外に短く思いますか？

中学生は日々、本当に忙しいですからね。

学校で授業を受けて、部活をやって、そのうえ家庭学習をするという毎日。

大人にあてはめてみると、毎日朝から夕方まで働いた後に家で残業に取り組むようなものですから、なかなかにハードです。

この日々の中学生の生活状況を踏まえると、家庭学習の1・5時間というのは、ほどよい数字であると思います。

したがって、まずはこの平日1・5時間、土日2・5時間を基本として、勉強に取り組んでみてください。

「ちょっと短い！」「ちょっと長い！」と思った場合は、実情に合わせて勉強時間の調整を入れてください。

「プラスマイナス30分単位」で調整を入れるといいでしょう。

たとえば勉強が得意でやる気にあふれる子は、平日は30分増やして2時間で設定を。逆に勉強が苦手でやる気が薄い子は、平日は30分減らして1時間で設定を。

減らすのは30分までとしたいところですが、増やすのは睡眠時間を削らないかぎり上限なしで大丈夫です。

実際に、やる気にあふれる中3の受験生ともなると、平日4時間、土日8時間程度は平気で取り組む子が出てきますからね。

さて、ここまでは塾の予定のない日常の勉強時間について見てきましたが、塾に通う子も多くいると思います。

「塾がある日も同じくらい家で勉強するの？」

と疑問に思う子のために、私の塾の生徒たちに実情を聞いてみました。

多くの生徒の答えは、「塾の日は家での勉強時間は短くなる。家では次の日の学校の宿題だけやる」というものでした。

考えてみれば当然ですよね。

基本的に家庭学習の内容は「学校の宿題＋自分勉強（自主的に行う勉強）」です。

そして塾での勉強というのは、宿題以外の「自分勉強」にあたります。

2時間、3時間と塾で勉強に取り組んできた日は、そもそも家での勉強時間がそれほど残っていません。

そうであれば、塾がある日に家でする勉強は、最低限やらなくてはいけない学校の宿題に取り組むのが精いっぱいでしょう。

したがって、「塾がある日の家庭学習は、時間がなければ学校の宿題だけに取り組む」のが基本です。

もちろん、「時間があるとき」や「やる気があふれるとき」はその限りではありませんが、睡眠時間は絶対に削ってはいけないことをあらためて強調しておきます。

2 日常の勉強のタイムスケジュールは？

1日の勉強時間の目安を決めたら、次は**「勉強のタイムスケジュール」**を決めていきましょう。

家庭学習のタイミングというのは、それほどバリエーションがありません。

①学校から帰ってすぐの夕食前
②夕食後、休憩してから
③仮眠をとって夜遅くから

だいたい、こんな感じでしょうか。

おすすめのタイミングは、もちろん①か②です。

実際、勉強が得意な子ほど、早いタイミングで勉強を終わらせています。

したがって、まずはこの2つのタイミングを基本として家庭学習を行いましょう。

さて、新たに塾に入ってくる生徒のなかには、まれに③のタイミングで家庭学習をしている子もいます。

「部活から帰ってくると、疲れてすぐ寝ちゃうんです。夜の9時頃に起きて、そこからご飯を食べて、10時頃から学校の宿題とかを始めます」などと言うのです。

このセリフに対しては、こんなふうに伝えていきます。

「あまりにも眠かったとしても、仮眠は30分までにして宿題を早く終わらせて、早く寝よう。正直、塾に通わなくても、ここを直すだけで必ず成績は上がるからね」

実際に私のアドバイスを実践した子は、すぐに成績を上げていきます。

第1章でお話ししたように、家庭学習は**「23時の最終就寝時間」**を守れるスケジュールで取り組んでいきましょう。

勉強をスタートするタイミングを決めたので、今度は**「途中休憩のタイミング」**について確認をします。

中学生に合った、ほどよい途中休憩のタイミングは、どれくらいだと思いますか？

日常の勉強のタイムスケジュール例

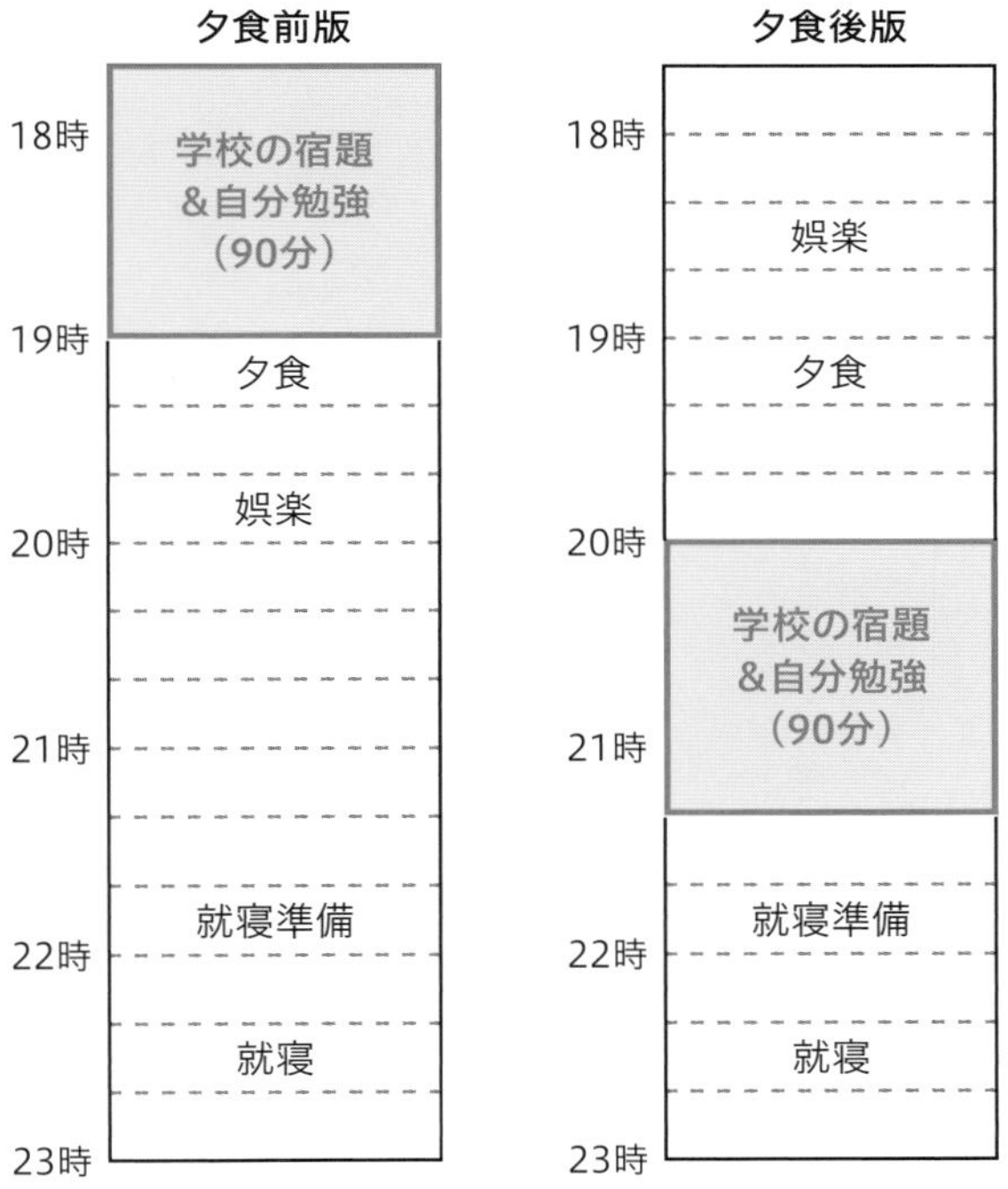

- 原則として夕食前か夕食後の２択。
- テスト前は夕食前後で両方実施するのもあり。

答えは、「勉強を開始してから50分後」です。

実際、中学の時間割はたいていの場合、1時限が50分で設定されていますよね。

これは、人間の年齢に応じた**「集中できる時間」**を考えて決められています。

私の塾は80分の授業時間で指導をしていますが、このタイミングに沿うべく、授業開始から50分経過したところで、必ず5分の休憩を入れるようにしています。

これは、知り合いの塾長が**「授業の途中で休憩を入れるようにしたら、集中力を切らさず最後まで頑張って取り組める生徒が格段に増えた」**と言っていたので、さっそくマネをした取り組みです。

それまでは80分ぶっ通しで授業をしていましたが、当時は授業の後半で時計をチラチラ見る生徒の多かったこと多かったこと。

それが、休憩を試してみると、まさにその塾長の言うとおり。

途中の休憩はわずか5分ですが、生徒たちは心身ともにリフレッシュ。

皆が授業の最後まで集中して取り組めるようになったのです。

もちろん、個人差はあるでしょうが、まずはこの「勉強を開始してから50分後」という時間を目安に休憩を入れてみてください。

さて、ここまでで日常の勉強量と取り組む時間帯のイメージはできましたか？

「平日は1日2時間、土日は3時間くらいを目安に勉強するかな。勉強に取り組むタイミングは夕食後だな」

こんなふうに自分の勉強スタイルをイメージできたならば、ひとまず準備完了です。決めてみた勉強量と時間帯で、さっそく取り組んでみましょう。

まだイメージできていない人も、仮でもいいので自分の勉強スタイルをいま決めて、次のように書きとめておきましょう。


「平日は　　時間、土日は　　時間を勉強時間の目安にして、取り組むタイミングは夕食（前・後）を基本としよう」


「あれ？　夕食後にやるほうがよくないかな？」とか「もう少し長く勉強できるかも」などといった具合に、実際にやってみて初めてわかることもあります。

自分の感触を踏まえて、微調整を加えていってください。

3 予習と復習、どちらを重視するべき？

それでは、ここから実際に勉強を始めていきましょう。

日々取り組むべき学校の宿題を最初に終えたら、ここからが**「本当の勉強」**のスタートです。

さて、何をしましょうか？

予習でしょうか？　それとも復習でしょうか？

自由にやれと言われると、それはそれで困りますよね。

私も学校の先生から「学校の授業の予習・復習をしましょう」などとザックリと言われていたものですが、そんなセリフを聞いたときには、いつも思っていました。

「それをやるのはいつ？」「どっちもやるの？」「そんなにできる？」

予習と復習のどちらも取り組んでいくのがよりいいのは当然ですが、まずはどちらを重視して取り組めばいいかをお伝えします。

ズバリ、圧倒的に復習です。

人間は忘れる生き物です。

1週間前の食事の内容を覚えていないように、不必要な記憶は忘れるようにできています。

その意味でも、繰り返し復習をすることで、学んだことを記憶に定着させていく必要があるのです。

加えて、私は常々疑問に思っていました。

「そもそも、中学の勉強で学校の予習をする時間をつくることができる子は、どれくらいいるのかな？　会ったことないけどな」

そこで私は**「中学の勉強で予習をしている人はほぼいない説」**を唱え、知り合いの同業の先生方にＳＮＳで質問をしてみました。

調査結果は、塾の先生を中心として解答してくれた１２０人のうち、中学時代に予習に取り組んでいたのはたった6人。わずか5パーセントの人だけでした。

私の仮説の正しさが証明されたというわけです。

もちろん、塾に通っていた人は塾の授業自体が予習になっていたはずですが、それは自主的に取り組むものではないので、予習をしているという認識がなかったのでしょう。

また、これは裏を返すと、それだけ**「中学生の家庭学習時間の大半が復習に使われていた」**ということです。

中学生は本当に忙しいです。

日々の宿題をこなすだけで精いっぱいというケースも多いことでしょう。

だからこそ、わざわざ時間をつくって宿題以外の勉強に取り組んでいくならば、まずは復習することをおすすめします。

復習を基本とし、そこからさらに上を目指そうと考え、実際にそれだけの時間的および精神的余裕があるときに予習に突入する――。

これが、理想的な姿です。

予習で取り組む具体的な内容は後でご説明しますが、たとえ30分であったとしても毎日予習ができれば、ここから別世界が広がります。

先にお伝えしたように、学校の予習にも取り組んでいたのは5％の人だけでしたが、その人たちはもれなく優秀な学歴でしたから、これは間違いのないことだと思います。

4 予習に向く教科・復習に向く教科

日々の家庭学習は復習重視で取り組むべきだとお伝えしましたが、もう少し掘り下げて見ていきましょう。

「復習重視は全教科同じなのか？」

「教科によっては予習重視にしたほうがよかったりしないのか？」

という問題です。

こちらにもハッキリと答えておきましょう。

数学と理科と社会は復習向き。英語と国語は予習向き。

もっと端的にひと言で伝えると、**「語学系教科は予習も効果的」**といったところでしょうか。

基本的には、どの教科も復習が大切なのは変わりありません。

ここを重視しながらも、予習に取り組むならば、最優先は**「英語」**です。

その理由を簡単に言うと、**「教科書に書いてある言葉の意味がわからなければ、何も理解できないから」**ですね。

他教科に比べてわからない言葉が出てくる量は、英語がダントツで多いでしょう。

逆に言うと、言葉を先に調べておくことで、よりスムーズに授業を受けることができるようになるということですね。

実際、学校の英語の授業を中1の頃からサボり続けてきて、中3になってから塾にやってくる生徒がいますが、そんな子への英語の指導は本当に苦戦します。

「I want to play baseball. を訳してみて」

「私は野球を……します」

「want to はどう訳すのかな？」

「わかりません」

教科書に書いてある大半の英単語の意味がわからないので、大まかな内容はわかっても細かな内容がボンヤリとしてしまい、結果として私が指導したことについての理解もボンヤリとしてしまうのです。

とにかく、教科書の言葉の意味がわからなければ、何も始まりません。

こんな理由から、まずは英語がダントツで予習向きの教科なのです。

予習向きの教科として英語に続くのは**「国語」**です。理由は同じです。

ただ、英語と違って国語は日々の生活で使用している日本語をもとにした教科なので、生まれてから今日までに身につけた語彙だけで充分理解できている子が多いのも事実。

そんな場合は、国語の予習はとくにしなくてもいいでしょう。


以上、ここまでのところでお伝えした内容を要約すると、**「日常の学習は復習重視。上を目指すなら予習もする。語学系教科が予習に向く」**ということでした。

この流れには沿いませんが、語彙が少ないために教科書の内容を読み取れない子に限定すると、じつは**「社会」**も予習をしたい教科です。

社会の教科書には**「社会の用語」**として出てくる言葉と**「一般的な語彙」**として出てくる言葉がたくさん並びます。

したがって、語彙の少ない子の場合、初見の教科書本文は知らない言葉だらけで、とても読めたものではありません。

以前、「社会が苦手な生徒は、どれくらい教科書が読めていないのだろうか」と、社会が苦手な生徒に教科書のわからない語句を塗りつぶしてみてもらったのですが、その割合はなんと教科書に出ている語句の約5分の1。

これだけわからない言葉があると、内容を理解するのは不可能です。

そこから生徒何人かに同じことをやってもらったのですが、塗りつぶした言葉が多い生徒ほど社会の成績が悪く、逆にそれが少ない生徒ほど社会の成績がいいという結果になりました。

もし、社会が苦手だというのであれば、**「知らない社会の用語は教科書で調べ、知らない一般的な語彙は辞書や検索で調べる」**という具合に予習をしてから社会の授業に臨むといいでしょう。

復習はどの教科もしっかり行うことを前提として、予習向きの教科を順番に並べると、**「英語」→「国語」→「社会」→「理科」→「数学」**となります。

全教科の予習は難易度が高いので、まずは苦手かつ必要な教科だけ予習をすることから始めてみましょう。

5 学習内容をしっかり定着させるための「復習」の進め方

この章の山場がやってきました。

ここまで「復習を重視しよう」とお伝えしてきましたが、ようやくここで具体的な復習の取り組み方について見ていくことにします。

学習内容を定着させる方法をお伝えするときに、必ずと言っていいほど出てくる有名な図があります。

ドイツの心理学者エビングハウスが発表した、忘れることに関しての研究結果の図で、**「人は覚えた内容を1時間で56％忘れ、1日で66％忘れる」**というものです（65ページの上の図参照）。

ご覧いただければわかるように、この図のメッセージは、**「人は必要のない記憶をすぐに忘れる」**ということです。

また、繰り返し復習をすることで、「すぐに忘れる記憶」から**「長く覚えておく記憶」**に変えて、記憶が定着していくことを示したもう1つの図もとても有名です（次ページの下の図参照）。

言うまでもないことですが、この図のメッセージは、**「繰り返し復習をすることで記憶は定着する」**というものです。

少し長くなりましたが、私がこの2つの図を通してお伝えしたいのは、**「学校で学んだ内容を『長く覚えておく記憶』にすることを目指して、復習をしていきましょう」**ということです。

それでは、まずは**「復習に取り組むタイミング」**を見ていくことにしましょう。

エビングハウスの実験結果からすると、1日後・1週間後・1カ月後という具合に、間隔を徐々に空けていきながら復習をするといいとされていますが、中学生の実情を考えると、これは現実的ではありません。

ですから、**「繰り返し復習をすることで、覚えている割合を高める」**という部分だけマネをします。

エビングハウスの忘却曲線①

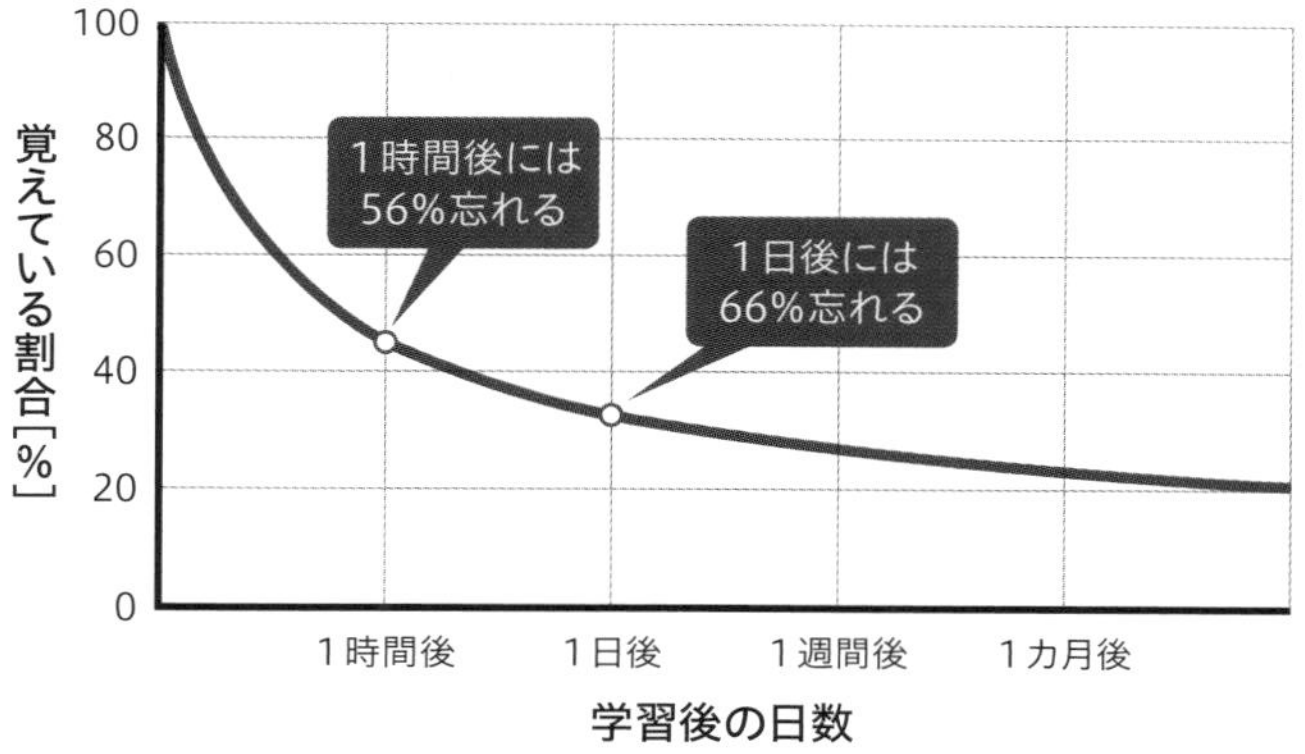

エビングハウスの忘却曲線②

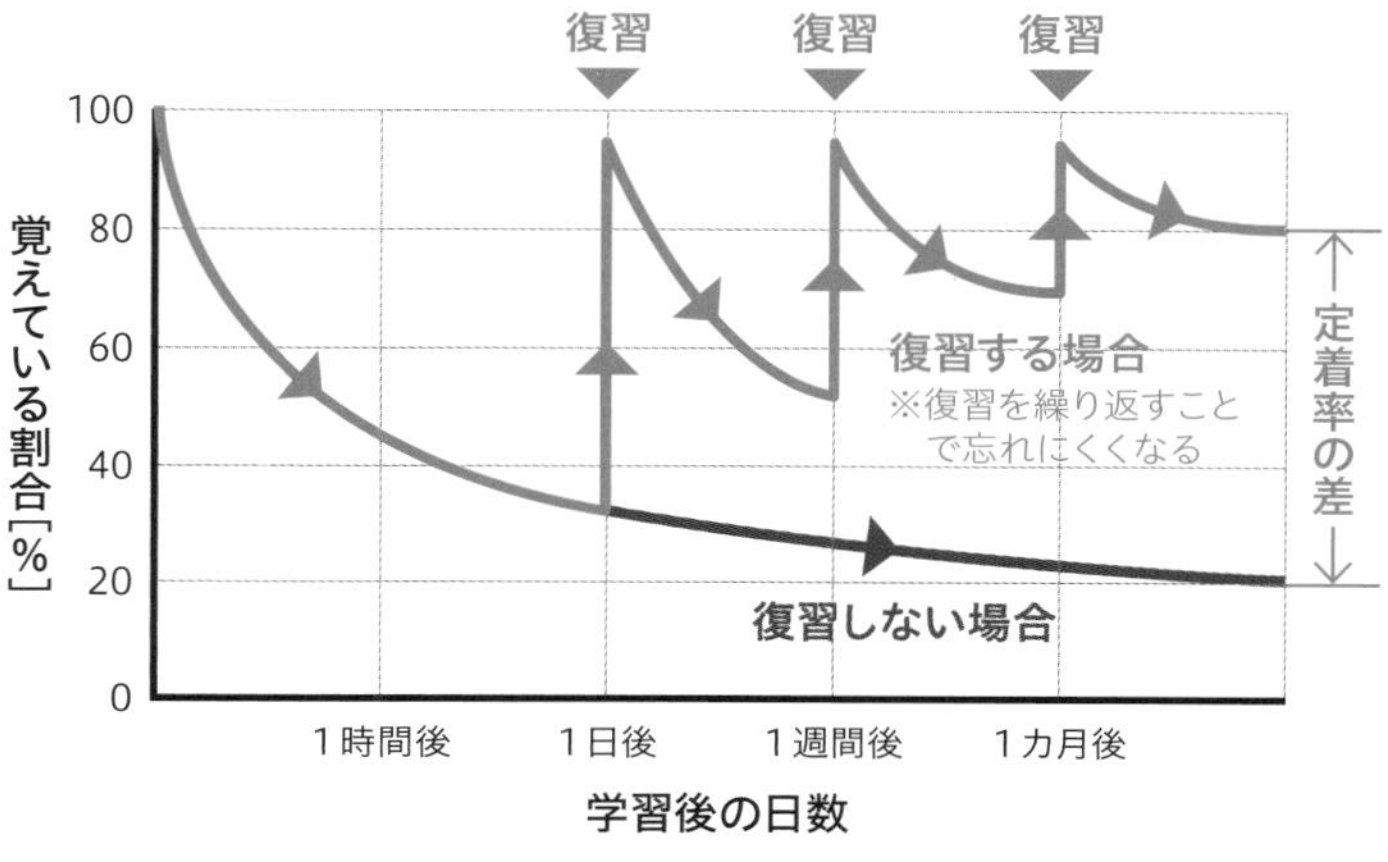

たとえば、数学の1つの単元について学習する場面をイメージしてください。

まず、私の塾に通っている生徒の場合で考えてみましょう。

スタートが塾の授業からだったら、その後の学校の授業が復習となります。

塾の授業を受けてから学校の授業までの間の期間が数日から2週間（私の塾では、学んだ内容を忘れないように短い期間で2度指導を受けられるように指導進度を調整しています）。

そして塾→学校と合計で2回授業を受けたら、学校配布教材を定期テスト前に2回演習するように指導しています。

つまり、「塾→学校→教材→教材」と、1つの単元について最低4回学ぶ機会を設けているわけですね。

では、塾に通わない子の場合はどのようなスケジュールで、どんなふうに復習を行っていけばいいでしょうか？

独学の子は、学校の授業がスタートとなります。

したがって、学んだ内容を忘れないようにするには、「学校で授業があった日から7日以内」に、習った個所を学校配布教材で演習することです。

じつは、ここが独学の子にとって最重要ポイント。

大げさに言えば、復習の具体的な方法よりも、このタイミングで復習を実施できるかどうかのほうが重要です。

塾に通う子が知らぬ間に行っている**「習ってすぐの再復習」**を自分で行っていけるかどうかが何よりも大切なのです。

「学校→教材→教材→教材」（学校配布教材を定期テスト前に2回演習するのは塾に通っている子と同じ）――。

このように、習って7日以内の復習を含めて、塾に通う子と同じ**「1つの単元について最低4回学ぶスケジュール」**をつくってしまいましょう。

実際には各教科でこのスケジュールを実行するわけですから、そのためのルールを決めておく必要があります。

答えは、とてもシンプルです。

「自分勉強」として、学校から配布された教材を平日1日1教科、習ったところまでやる――。

第1章でお伝えした「自分勉強」として取り組んでほしい内容がこれです。

独学の子は、とくにこの内容で取り組むべきです。

習い事などで平日難しい日があるかもしれませんが、そんな場合は週末に取り組むようにしましょう。

具体的な手順としては、まずは新しく学んだ単元について、教科書と授業のノートを見ながら5分程度で内容をざっと確認したうえで、配布された教材に取り組みます。

平日に1日1教科取り組んでいけば、週末までに全教科、学んだところまでの復習が終わります。

週末はやり残してしまった個所に取り組む予備の日程とすれば、ムリもありません。

どの子も確実に成果を出している方法なので、ぜひ参考にしてほしいと思います。

平日の復習の進め方

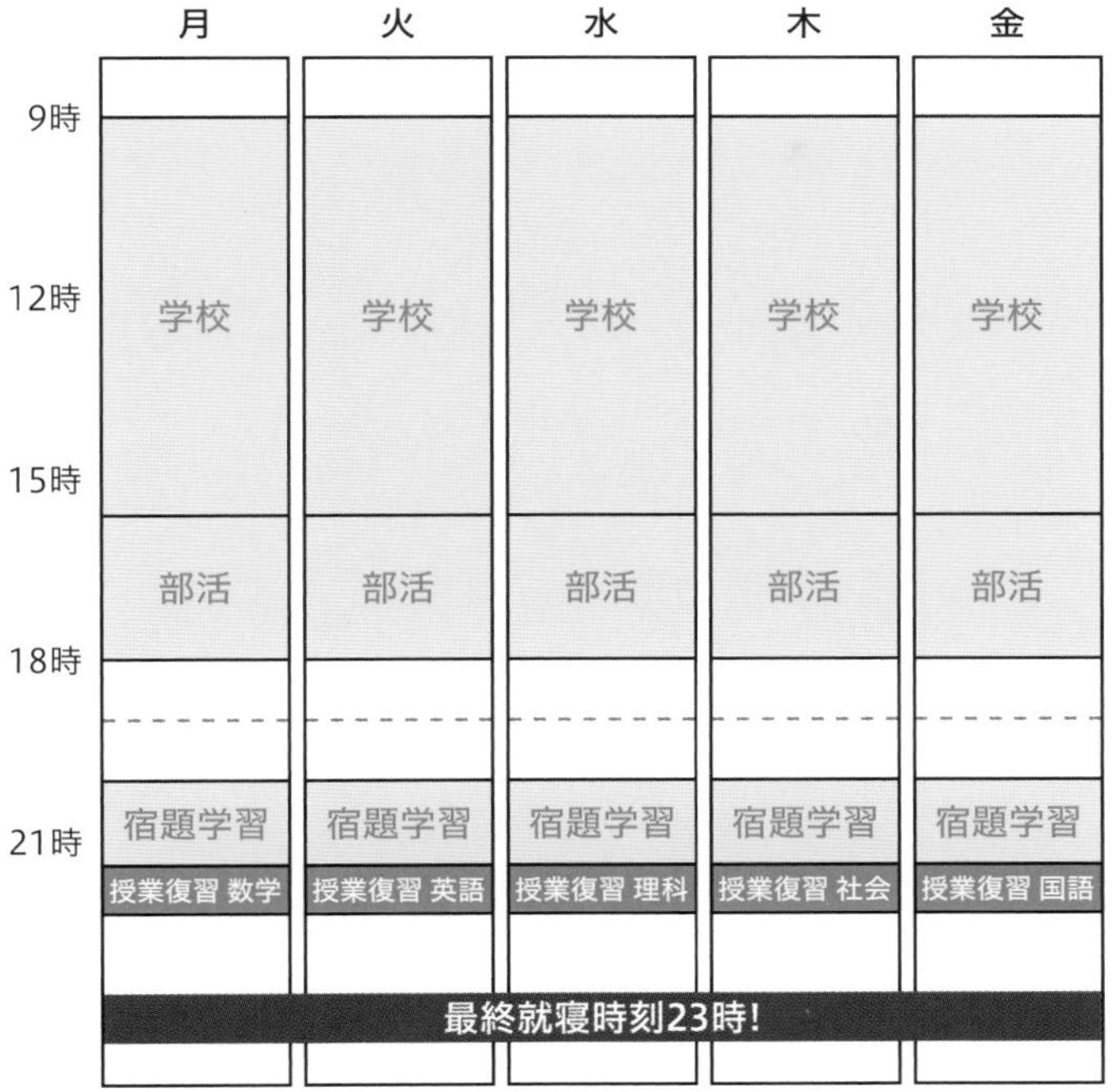

- 学校の宿題を終えてから「自分勉強」として授業の復習を１日１教科取り組んでいく。
- １週間で習った内容について教科書やノートを確認した後に、学校から配布された教材を習ったところまで解く。
- 余力があれば市販教材を購入して週末に取り組む。

6 学校の授業の理解がグンと深まる「予習」の進め方

学校の授業を活かすために教科を問わず**「予習」**で取り組むべき内容は、ズバリ1点です。

教科書を読んで、わからない語句を調べることです。

あまりに内容がシンプルかつ少ないため、「本当にこれだけでいいの?」と心配になってきていますか?

安心してください。本当にこれだけでいいのです。その不安な気持ちと勉強へのパワーは、どうか前の項目でお話しした「復習」で発揮してください。

繰り返しになりますが、予習は「教科書に書いてある言葉がわからないために内容が理解できない」ということにならないように取り組むべきものなのです。

それでは、さっそく予習部分の教科書を読んでみましょう。

もしもわからない語句がなくて、教科書に書いてある内容が理解できたならば、その教科の予習は終了です。

後日、学校で授業を受けることで理解を深めることができるでしょう。

予習部分の教科書を読んでみて、意味がわからない語句が出てきたら、ここから語句調べをしていきます。

語学である**「英語」**は、授業が進むたびに**「新出単語」**が出てきます。

この新出単語を予習で調べておきましょう。

「国語」も同様です。

新しい単元の文章を先に読んで、意味のわからない語句を調べておくのです。

紙の辞書や電子辞書、あるいはネット検索で調べたりしていきますが、英語と国語に関して一番おすすめの調べ方は、**「市販の教科書ガイド」**を購入して調べるという方法です。

教科書ガイドという商品は英語と国語の予習のために販売されていると言っても過言ではありません。

英語の新出単語や国語の熟語などがキレイに並んでいて、その教科書の指導内容に合った形で掲載してくれていますから、ぜひ利用していきましょう。
語句を調べる深さについては、その「単語（語句）」を読んで意味が言えるレベルで充分です。

手で読み方や意味の部分を隠して、スラスラと言えるように取り組みます。

さて、先ほども少し触れましたが、わからない言葉が多いために「社会」の教科書が全然読めない場合も、授業前に予習として語句調べをしておきましょう。

まずは、教科書の後ろについている「索引」で、用語を調べるところからスタートです。

ここで新しく出てくる社会の用語、そしていままでに出てきたけど意味がわからない用語を確認していきます。

索引に載っていなかったときは、その言葉は社会の用語ではなく一般的な語彙です。

辞書かネット検索で調べていきましょう。

上手に調べることができるときばかりではないので、そんな場合は先生や保護者に直接聞いて助けてもらうのもありです。

7 学校の授業を受けるだけで全てを理解する方法

中学生の勉強においては、「学校の授業」が全ての基本です。

学校の授業のなかでどれだけ理解して帰ってくることができるかが勝負と言ってもいいでしょう。

もちろん、学校の授業で全てを理解することが難しいから私たちのような塾があるわけですが、生徒たちが学校の授業で全てを理解できるなら塾はいりません。

実際、本当に勉強が得意な子は、学校の授業だけで全てを理解しています。

こんなすごい子を見ると、「最初から頭のつくりが違うんだよ」などと思うかもしれませんが、大丈夫です。

彼らのやり方を「マネ」すればいいのです。

勉強が得意な子たちの授業の受け方には、やはり共通するコツがありますからね。

では、そのコツとはどんなものでしょう?

答えは、今回もシンプルに1点だけです。

先生が言った大事なことをノートに書き込む――。

たまに塾の生徒に学校の授業のノートを見せてもらうことがありますが、勉強が得意な子のノートには共通点があります。

それは、**「板書にはないオリジナルな書き込みがある」**という点です。

キレイに書かれたノートのなかに、急に熱を帯びた部分が出てくるのです。

そこはたいていの場合、再度読むときに目が行くように**「色ペン」**で強く書き込まれています。

そう、勉強のできる子は、先生が板書しなかった大切であろうことを、授業をしっかり聞くことでもれなくキャッチして、ノートに書き加えているのです。

そもそも、指導内容の要点を絞りに絞ってつくられているのが教科書で、その教科書だけでは理解しづらい個所を補うように説明してくれるのが先生です。

したがって、授業中に先生が教科書に載っていない内容で熱を入れて話してくれている部分というのは、とても重要である可能性が高いですよね。

大事なことは「吹き出し」でノートに書き込もう

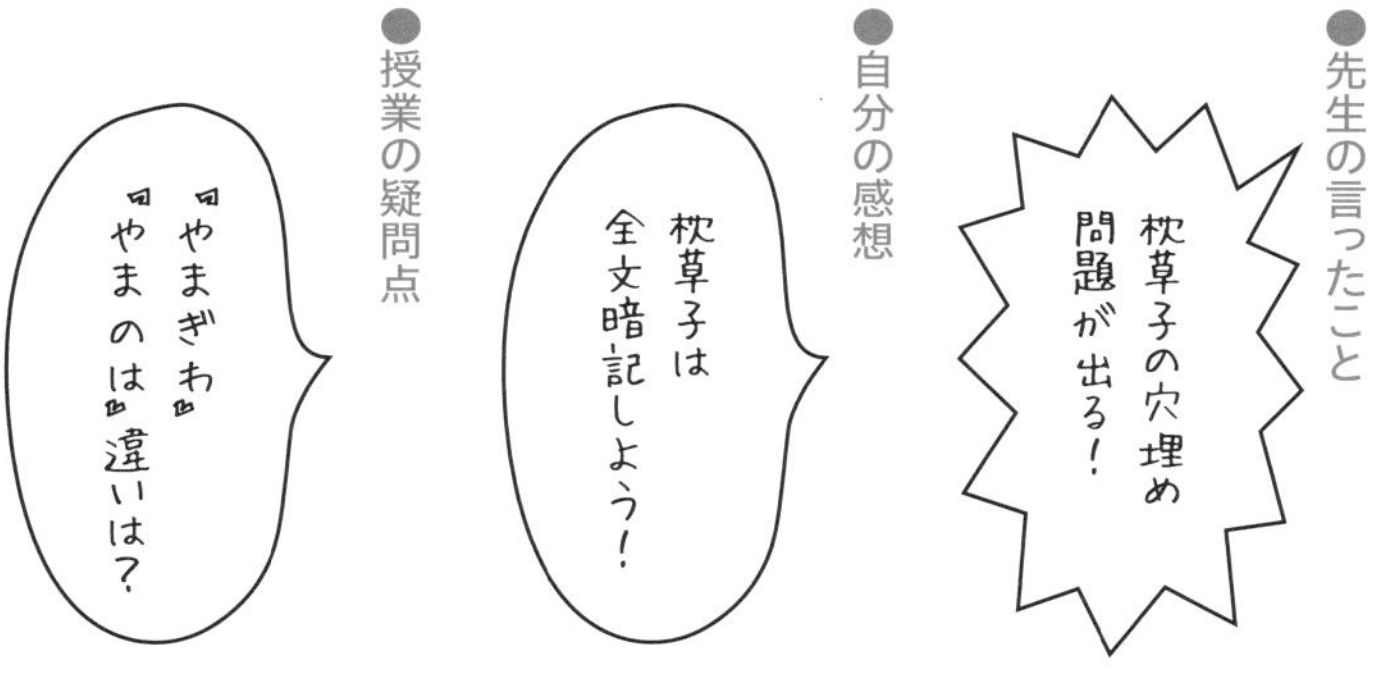
●先生の言ったこと
枕草子の穴埋め問題が出る！
●自分の感想
枕草子は全文暗記しよう！
●授業の疑問点
『やまぎわ』『やまのは』違いは？

また、ノートに書き込む際には、**先生が言ったことを書き込むときに使用する「吹き出し」**と、**自分が感じたことを書き込むときに使う「吹き出し」**を分けておきましょう。

たとえば、先生が言ったことは上の図のようにギザギザの吹き出しで、自分で感じたことはシンプルな吹き出しで、といった具合です。

具体的には、先生の話を聞いているときに、**「ここだ！ いま言ってくれた内容は大切だ！」**と感じたらノートに吹き出しを書き加えます。

また、授業を聞いていて、**「そうか！ こういうことか！」**と自分なりに理解したことや思ったことをノートに吹き出しとともに書き込みます。

これらの書き込みが授業時の理解度を高め、復習時に授業時のことを思い出させ、さらに理解を深める助けとなるのです。

ちなみに自分の感想の吹き出しは、**「先生へ質問したいこと」**をメモしておくのにも利用できます。

クエスチョンマークとともに、授業で出てきた疑問点を書いておくのです。

書き込んだ疑問点は授業終了後、先生が教室を出る前に呼び止めて、その場で質問をして解消しましょう。

先生に質問に行くときに少々勇気がいるかもしれませんが、成績アップを目指すならば、迷わずアタックすることです。

と、ここまでを読んでいて気がつく人もいたかもしれませんね。

「あれ、これは本当に真剣に授業を聞いていないと実行できないやつじゃん！」

そのとおりです。これは、授業を真剣に聞かないと、できるものではありません。

ぜひ、得意教科からでいいので実行していってください。

気がつくと、きっとあなたも勉強が得意な子の仲間入りをしていることでしょう。

8 問題演習ノートは広く湯水のように使おう

私の塾では、入塾を検討してもらう際に「体験授業」を受けてもらっているのですが、その最初の授業で**「勉強の方法」**について指導をする時間をとっています。

そしてその際、必ず最初に指導するのが**「ノートの使い方」**についてです。

これは、成績を上げるうえでそれほどノートの使い方が重要だということの表れでもあります。

ぜひ、ここで正しいノートの使い方をマスターしていただきたいと思います。

正しいノートの使い方は、いたって簡単です。これも大事なコツは1点のみ。

問題演習ノートは、広く湯水のように使う——。

「湯水のように使う」の意味は「惜しみなくどんどん使う」ということですね。

とくに数学の場合は、そうするだけで計算ミスを防ぐことができるだけでなく、正答や解き直しを書き込むことまでできます。

いかがでしょう?

ノートを広く使うことには大きなメリットがあることがわかりますよね。

そうであるのにもかかわらず、ノートの使い方を指導していると、生徒は決まって

「ノートがもったいない」と言ってきます。

そんなとき、私は生徒にこう言うことにしています。

「ノートは正しく使ってこそ価値が出るし、1冊100円もしない。だから、ノートはケチったらダメ。広く湯水のようにどんどん使おう」

ちなみにノートを広く使うときの具体的なルールも1点です。

正答と解答解説、解き直しを書く余白をつくる——。

解いた問題ごとに、周りに余白をつくって書いていくのです。

自分の数学のノートを実際に開いてみてください。

そして、演習をした問題が半分間違っていたときのことをイメージしてください。

正しい答えだけではなく解説を書くスペースまでありますか?

ダメな数学ノート例

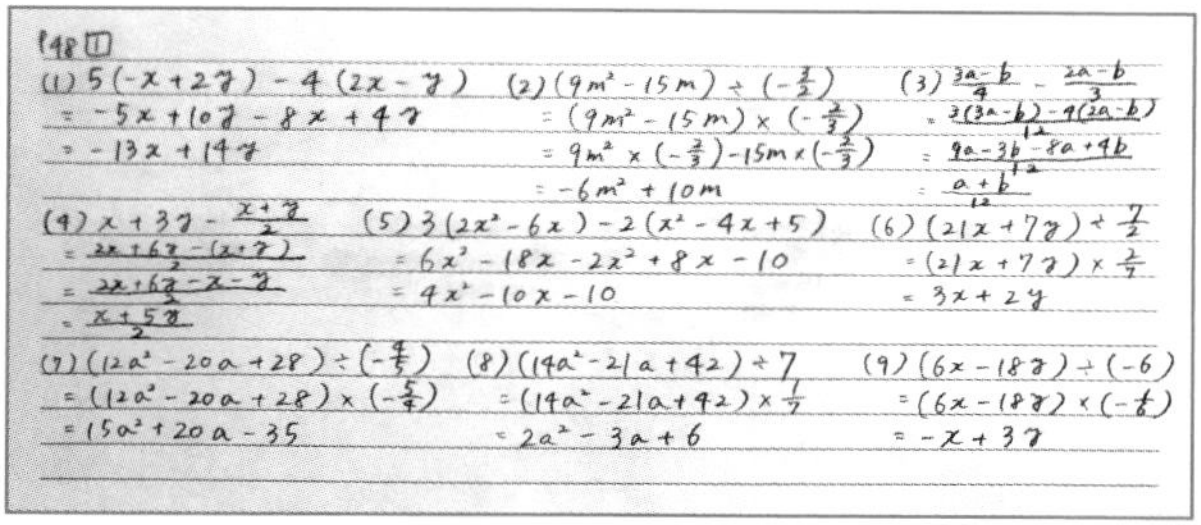

● 余白がないから、解答解説や解き直しを書き込むことができない！

お手本にしたい数学ノート例

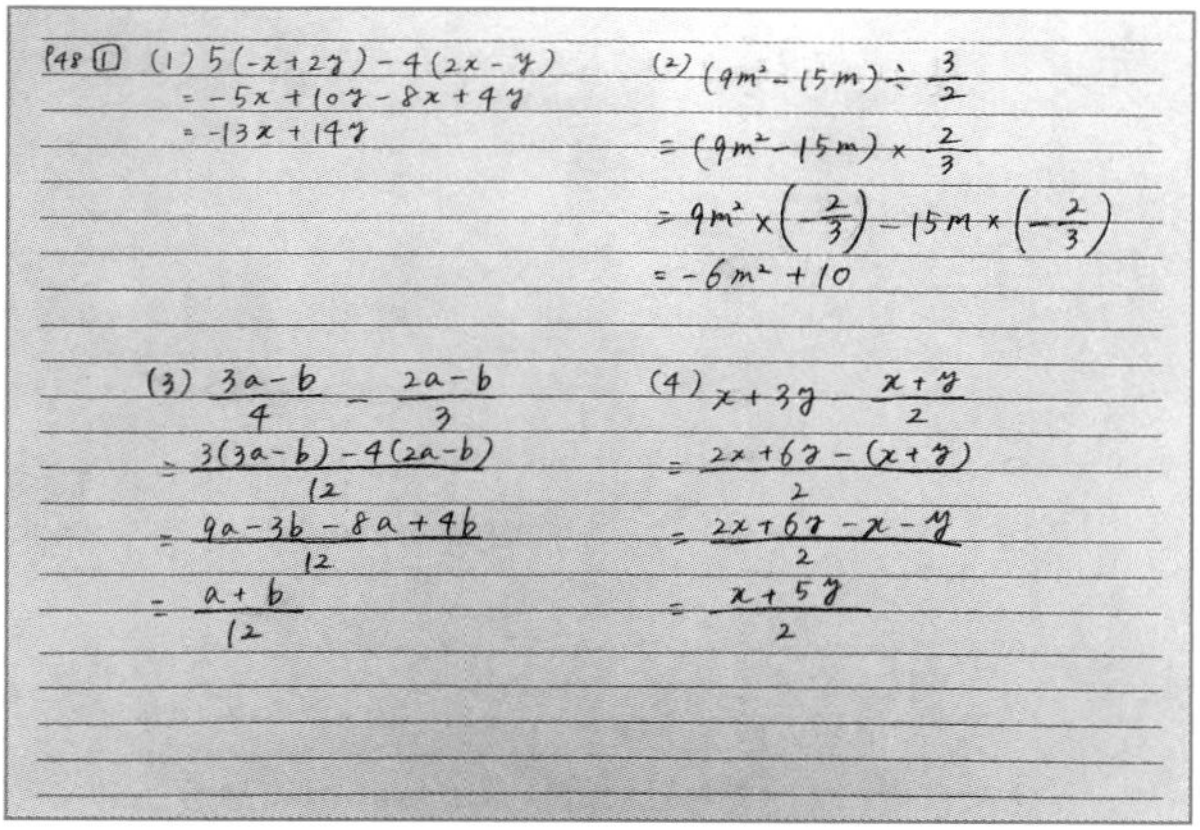

● 余白があれば、解答解説や解き直しを書き込むことができる！

「しまった！　そんなことなんて想定していないから、ギュウギュウに詰めて書いちゃってる！」

という場合は、さっそくノートの使い方を変えましょう。

余白を多く残してあれば、しっかりと解答解説を書き込んだり、自分で解き直しをすることもできるはずです。

なお、他教科のノートについては、数学のように途中式とかはありませんから、数学ほど余白を多くとる必要はありません。

正答の記入が少しだけですむような理科や社会の問題演習時には、「改行するときに1行あける」というようにすれば大丈夫です。

ノートの使い方はこだわるといろいろありますが、絶対に必要なのはこれだけです。

この1つだけは必ず守ってノートを使うようにしましょう。

9 苦手を克服！長期休みのとっておきの勉強法

学校の授業がストップする春休み、夏休み、冬休み。

学校が落ち着く代わりに、私たち学習塾が大忙しになる時期です。

日常の勉強に関しては、ある程度子どもたちの忙しい毎日を踏まえて手加減していましたが、長期休みは指導に手加減がいりません。

長期休みの勉強について、迷いなく取り組めるように、そして苦手を克服できるように、私の塾での取り組みをご紹介しながらお伝えしていくことにしましょう。

まず、「長期休みの勉強時間」についてです。

学校の授業がない毎日なわけですから、シンプルに「ふだんの土日の勉強時間」に設定しましょう。

具体的には土日の2時間30分を軸として、自分の状況に合わせて30分単位で足したり引いたりしていきましょう（受験学年の中3生はこの目安時間では足りません。倍を目指してほしいところです。詳しくは第6章でお伝えします）。

1日の勉強時間の目安が決まったら、次は**「学習計画」**です。

じつは、この学習計画が長期休みの勉強にとって一番大切になってきます。

大きな時間がとれる長期休みですから、ふだんのとき以上に学習計画が重要です。とくに夏休みはとても長いので、絶対につくってください。

また、長期休みの学習計画の一番の目的は、**苦手を克服するための復習の日数をできるだけ多く確保する**ことです。

したがって、長期休みの学習計画の基本は次のようになります。

- **開始数日で宿題終了、残りの日は全て復習にあてる**

学年や休みの長さによっても開始何日くらいで終了させるのかの目安は変わりますから、以下に宿題を終了させるタイミングの目安を記しておきます。

- **部活のない中3生は夏休み開始7日、冬休み開始3日**
- **部活のある中1、中2生は夏休み開始14日、春休み・冬休み開始7日**

入試へ向けて本腰を入れる中3生の目安をもとに、部活のある中1、中2生はその約

2倍の日数で設定しています。

まずは学校の宿題を可能なかぎり早く終えて、復習日を増やすイメージですね。

こんなことを言うと、「いままで休み最終日にヒーヒー言いながら宿題をやっていたけど、そんな私でもできるかな？」と心配になるかもしれませんが、大丈夫です。

なぜなら、そもそも休みが始まってから数日で宿題を終えようと思ったことなどないですよね。

これは私の生徒たちを見ていて自信をもって言えることなのですが、やろうと思えば必ずできます。

実際、私の塾ではこの目安で学校の宿題が終わったかどうかを点検するようになって10年たちますが、なんとか全生徒やりきっています。

なかには宿題が出た日から取り組み出して、休み開始日に終える子すらいます。

これから**「学校の宿題は休み開始数日の間で絶対終える！」**という新たな「当たり前」を身につけていきましょう。

もしも早めに休みの間の宿題を出してもらえたときは大チャンス。休みに入る前に宿題の全てを終えることを目指して勉強のフライングをしてしまいましょう。

「休み開始○日を過ぎても宿題が完成していなければ、完成するまでスマホを没収」といった、きつめのルールを家族と決めて取り組んでみてください。

無事に宿題が終われば、いよいよ長期休み勉強のメインへと移ります。**「自分勉強」**としての復習です。

先にもお話ししたように、日常の土日の学習時間を参考にして、1日最大2教科～3教科を目安に、休憩をはさみながら行いましょう。

なお、復習する教科をおすすめ順に並べると「数学・英語・理科・社会・国語」となります。

とくに数学と英語は、過去に学んだ内容を踏まえて高度なことを学んでいく積み重ねの教科ですから、長期休みは前学年までさかのぼって復習をする大きなチャンスです。**数学と英語は、ここでの復習が次学期の勉強に活きてきます。**

不安があれば、ぜひ取り組んでください。

その他、理科・社会・国語に関しては、積み重ねの教科ではないので優先順位は低くなりますが、1つ選ぶなら**「理科」**をおすすめします。

なぜなら、理科の物理・化学分野に関しては、暗記要素が薄く、理解を伴って習得する単元だからです。

ここで、復習に使用するおすすめの市販教材をご紹介しておきます。

まず、難関校を目指す子におすすめなのが、**『中学自由自在問題集』**シリーズ（増進堂・受験研究社）です。

3年間の総まとめ問題集で、各都道府県の公立高校入試問題や私立高校入試問題も掲載されています（同様の問題集が他社からも出ていましたが、解説の詳しさや紙面の見やすさ、理科・社会の要点ページの構成などがよかったので、私はこの教材をおすすめします）。

また、このレベルの子であれば、進研ゼミなどの**「通信教材」**もいいでしょう。

テストで平均点以上を目指す子におすすめの市販教材としては、**『中学ひとつひとつわかりやすく。』**シリーズ（学研プラス）です。

これについては基礎レベル教材を全て比較してみて決めました。

解説の詳しさや紙面の見やすさ、さらには解説動画も備えていて、総じておすすめです。

以上、ここまでのところでお伝えした内容を踏まえて、実際に「**夏休みの勉強予定例**」を中2生をイメージしてつくってみました。

これは英語全般と数学（一次関数と連立方程式）、理科（電流・化学変化）の3教科を中心に『中学自由自在問題集』で復習をすることにした生徒の例です。

原則として1日2教科をそれぞれ90分ずつ、休み明けの実力テストに向けて夏休み終了ギリギリまで復習することにしました。

夏休みの最終週は「**2回目の演習のための時間**」としてとっておきます。

ここで間違えた問題を解き直すわけです。

「**真の実力**」をつけるという意味においては、この最終週が一番重要になります。

なお、日曜日については、予定どおりに進めることができなかったときのために「**調整日**」として空けておきましょう。

調整日があれば心にゆとりもできますからね。

カレンダーに書き込んでみると、次ページのような計画になります。

ぜひ、これを参考に自分に合った学習計画を立て、苦手教科の克服を目指して復習していってほしいと思います。

中2生の「夏休みの勉強予定例」

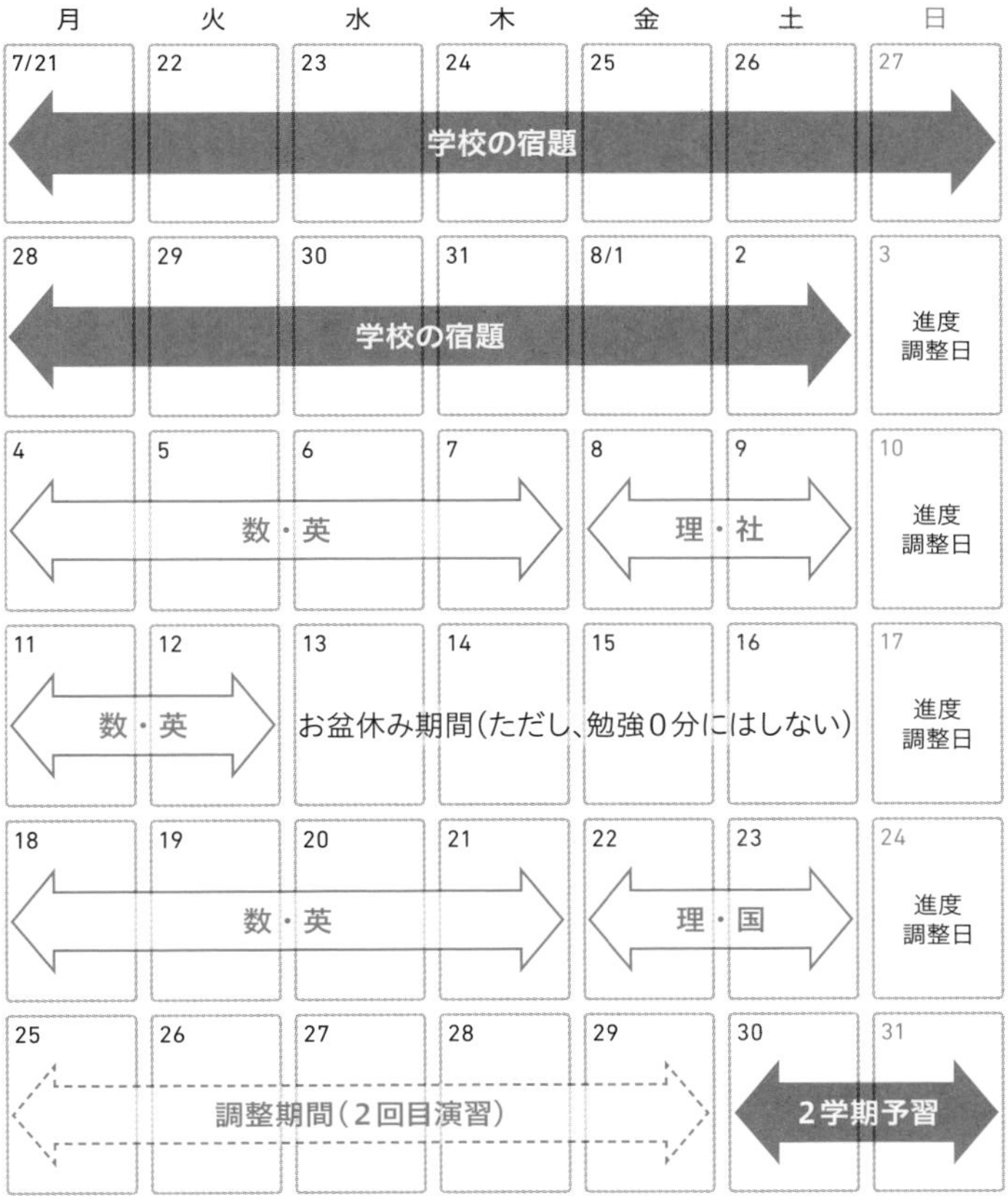

- 学校の宿題を開始2週間以内に仕上げる。日曜日は進度調整日とする。
- 1日2教科〜3教科、1教科あたり90分を目安に取り組む。
- 最終週は取り組んだ復習の仕上がり具合を見て復習教科の決定をする。

さて、この長期休暇に1人で勉強に取り組むことが難しそうだというときや、数学や英語が理解できなくて1人で復習できないなどというときは、**「塾」**を利用することをおすすめします。

ふだんは塾に通っていない子であっても、長期休みだけ塾に通って勉強するケースはよくあります。

長期休みの間の規則正しい生活リズムをつくるためにも、講習の受講を検討するといいでしょう。

ちなみに、自分の苦手な教科だけ、受講期間を選んでピンポイントに指導を受けたいということであれば、**「個別指導塾」**がおすすめです。

個別指導塾であればたいていの場合、たとえば「英語だけ」といった受講ができるうえに、「こんなところを克服したい」と最初の面談時に伝えれば、希望どおりに指導してもらうことも可能です。

次ページに掲載したのは、先ほどの「夏休みの勉強予定例」に加えて、塾の講習を受けることも考慮した計画表です。

塾の講習を受けることを考えているなら、ぜひ参考にしてみてください。

［通塾版］中2生の「夏休みの勉強予定例」

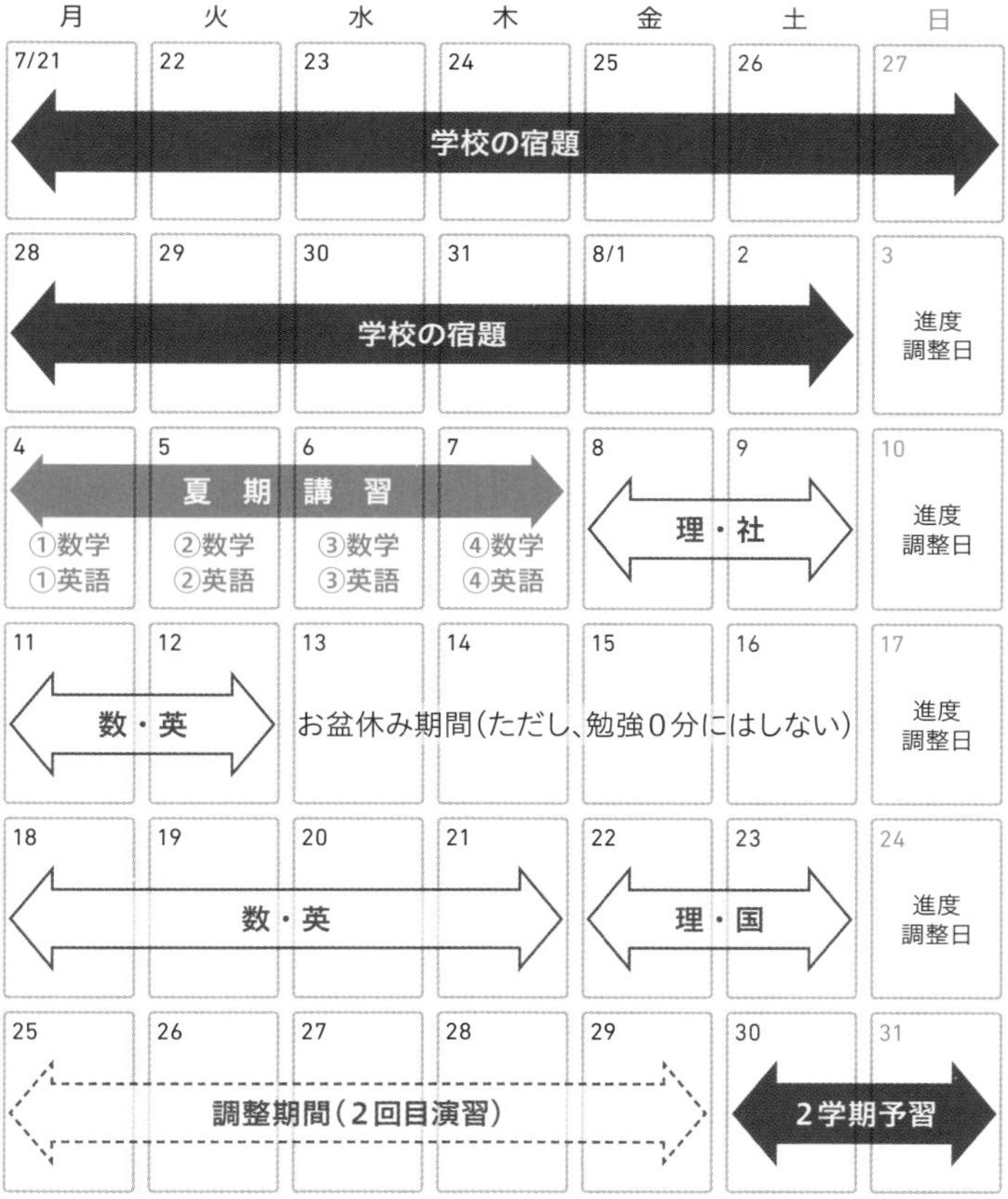

- 個別指導塾の夏期講習で数学と英語を受講した場合の1例。
- 集団指導塾に通う場合は塾の予定を優先して計画を立てる。
- 塾での講習を活かして夏休み後半にあらためて自分でも復習に取り組む。

さあ、これで学力アップに不可欠な日常の勉強と長期休みの勉強の進め方についての説明はおしまいです。

すでにお伝えしたように、私の塾の生徒たちも、ここでお話しした方法でグングン成績を伸ばしています。

効果は折り紙付きですから、ぜひできるところから取り組んでいってほしいと思います。

第3章

＼内申点がグンとアップ！／

「中間・期末テスト」はこのやり方で臨もう

1 中間・期末テストで学年順位が1ケタの子は どんな勉強をしているのか？

この章では中間・期末テスト、すなわち**「定期テスト勉強」**のやり方を見ていきますが、まずは実際に素晴らしい成績をとってきた生徒たちの様子をご紹介したいと思います。

第2章でもお伝えしたように、アンケートに答えてくれた生徒たちの**最高学年順位の平均は1・9位**（1学年100人～250人規模のさまざまな中学校）で、**通知表合計の平均は42・2**です（最高評価は9教科オール5で45）。

そのアンケート結果は、以下のようになります。

- ふだんの平日家庭勉強時間……1・5時間（塾や習い事のない日を想定）
- ふだんの土日家庭勉強時間……2・5時間（塾や習い事のない日を想定）
- テスト週間中の平日勉強時間……3・5時間

●テスト週間中の土日勉強時間……7・9時間
●学校配布教材の1度目を終えるタイミング……テストの9・5日前
●学校配布教材を何回繰り返すか……2・5回
●副教科に取り組み始めるタイミング……テストの6・2日前
●覚える勉強と解く勉強の割合……3対7

いかがでしょうか？

想像していたとおりだったでしょうか？

もしかしたら、「思っていたより勉強していないな」と感じたかもしれません。

あるいは、「ええっ？　こんなに勉強しなきゃいけないの？」と思ったかもしれません。

いずれにしても、これが結果を出している中学生のテスト勉強のリアルな姿です。

生の声を反映したものですから、とても参考になりますよね。

この章では、中間・期末テストの勉強法について、掘り下げて細かく見ていきます。

ぜひ、じっくりと読み進めていってほしいと思います。

2 フライングが褒められるのは勉強だけ！

まず、**「中間・期末テストの勉強をスタートするタイミング」**についてお話しします。

ズバリ、中間・期末テスト勉強のスタートは「2週間前」が目安です。

多くの中学では、テストの範囲が発表されるのは1週間前だと思いますが、ここをテスト勉強のスタートラインにしていたら、時間が全く足りません。

自分自身の力を出しきる前にテスト当日を迎えてしまうことになります。

実際、私の塾に入ってくる子たちは、このパターンがとても多いです。

たしかに学校が「テスト週間」として部活を停止して勉強に取り組むように促すのはテスト7日前です。

何も言われなければ、ここからスタートしてしまうのもムリはないでしょう。

そして、7日前に勉強をスタートした子たちは、テスト当日に提出する教材をなんとかギリギリテスト前日に仕上げることができるペースで勉強を進めます。

でも、教材を1回解いただけではテストで点をとることができません。

詳しくは後でお伝えしますが、教材を1回解いただけというのは、その時点での自分が理解できる問題と理解できていない問題を分けただけだからです。

教材は1回目で間違いを確認して、その間違えた問題ができるようになったかを確認する2回目からこそが本番です。

こんな理由から、テスト勉強をスタートするタイミングを間違えただけで、テストの点数が思うようにとれないことが決定してしまうのです。

勉強のフライングは、やった者勝ち。

中間・期末テストの範囲発表の日よりも、どれだけフライングできるかが勝負です。

盛大にフライングをしていきましょう。

繰り返しになりますが、中間・期末テストで結果を出したければテスト勉強をスタートする目安は2週間前です。

ただし、副教科のテストも加わる**「期末テスト」**は、それより2、3日早くスタートする必要があります。

大切なポイントなので、しっかりと覚えておいてください。

3 中間・期末テストの勉強時間の目安はどれくらい？

次に、**「中間・期末テストの勉強時間の目安」**についてです。

これは、部活がストップするテスト1週間前からを想定してお伝えします。

テスト前の勉強時間の目安は、日常の勉強時間を平日2倍、土日3倍します。

たとえば、先にご紹介した学年順位1ケタの子たちのデータをもとに考えた場合、テスト前の勉強時間の目安は平日3時間、土日が7時間30分です。

ここから、自分の実情に合わせて30分単位で設定時間を上下させてください。

ちなみに土日はとても長い時間になるので、始まる前から心が折れそうになることが予想される場合は、少し減らして6時間くらいの設定からスタートしてもOKです。

その際には、午前と午後と夜の3つに散らして行うといいでしょう。

たとえば午前1・5時間、午後3時間、夜1・5時間で合計6時間といった具合です。

合間に食事や休憩の時間をしっかり入れながら、目安の学習時間を目指して取り組んでみてください。

私の塾でも自分の集中力を過信している生徒が、テスト前に6時間ぶっ通しで自習をする予定を組んできたりするのですが、そんなときは、

「待て待て。君はいつも3時間もやったらフラフラで、終盤は集中力を切らしちゃっているじゃないか。それを忘れたの？」

「合間にしっかり休憩を入れよう。一度塾から帰って外で遊べるくらいのしっかりとした休憩をとったほうが結局は集中してできるよ」

といった会話で6時間の勉強を小分けに散らして、ゆとりある学習予定で取り組んでもらっています。

実際、この休憩がしっかりと効いて、生徒たちは最後の時間まで集中力を切らすことなく取り組めるようになります。

勉強量と内容に関しては「質より量だよ」とか「量より質だよ」とかいろいろと言われることがありますが、結局「質も量も」が一番です。

それを実現するためにも、土日のテスト勉強は3つの時間帯に散らして行うことをおすすめします。

4 中間・期末テストの学習計画の立て方にはコツがある

ここまでに確認したテスト勉強のスタート時期と1日の勉強時間の目安を踏まえて、**「中間・期末テストの学習計画」**を見ていくことにしましょう。

私が塾で20年以上、生徒たちに学習計画を立てさせたり、各中学から指示されている学習計画表の利用状況などを見てきてわかったことは、「細かすぎる学習計画は大半の中学生にとってうまく機能していない」ということです。

実際、学習計画表の活用を塾の指導に何度か組み込み試してみましたが、毎回失敗しました。

その理由は、**「中学生はテスト前もやらなければいけないことが多い」「計画期間が短く量も少ないので、計画表なしでこなしている子が多い」**ためではないかと感じています。

この失敗を踏まえて、私の塾としての学習計画指導は、**「学校配布教材の点検日の設**

定」だけに留めることに変更しました。

点検とは、テスト勉強のペースをつくるべく、**「テスト○日前にテスト範囲まで教材を完成させて塾で点検をする」**という取り組みです。

「点検日までにどんなペースでどう取り組むかは生徒個人に任せる」というザックリとしたものですが、この学習計画が効きました。

性格が大らかでザックリとした計画を立ててやりたい子も、性格が細かくキッチリとした計画を立ててやりたい子も、どちらも快適に取り組めるようになったのです。

この方法に変えてから、どの生徒もグングン成績を上げていきました。

そこで、私の塾で取り組んで結果を出しているこのザックリキッチリ学習計画を、あなたも試してみることをおすすめします。

提案したい学習計画の内容は、いたってシンプルです。

「テスト7日前に学校配布教材をテスト範囲まで完成」

「テスト3日前に学校配布教材の2回目演習を完成」

まずは、この2つを通過チェックポイントとして設定してください。テスト勉強のスタートは14日前でしたから、この日も合わせて3つの日付を確認しましょう。

ちなみに、学年順位1ケタを目指す子にはもっとハイペースに取り組んでもらいます。

「テスト10日前に学校配布教材をテスト範囲まで完成」

「テスト7日前に学校配布教材の2回目演習を完成」

学校配布の学習計画表とかカレンダーに、わかりやすく印をつけるといいでしょう。

これらスタート日や通過ポイント日がテスト勉強のペースをつくってくれます。

この完成点検というチェックポイントへ向けて、キッチリ取り組む内容を明記してやったほうが気合いが入る子は、さらに踏み込んだ計画表をつくっていきましょう。

逆に細かなことが苦手な子は、大まかな計画を決めて、脳内で記憶し実行していきましょう。

もう少しキッチリ計画を決めたい人のために、より具体的な計画の立て方は次項で説明していきます。

なお、私の塾ではこの計画を守れなかったときは、**「完成するまで毎日、塾で取り組む」**というルールになっています。

家庭で取り組む場合は、**「完成するまでテレビやゲームなど全ての娯楽を禁止して取り組む」**というルールにして、家族に宣言しておくといいでしょう。

「学習計画表」は3つの日に印をつけるところからスタート！

月	火	水	木	金	土	日
11/10 **テスト勉強スタート**	11	12	13	14	15	16
17 **1回目完成点検**	18	19	20	21 **2回目完成点検**	22	23
24 中間・期末テスト ←→	25	26	27	28	29	30

- 中間・期末テストは範囲発表を待たずフライングして2週間前から勉強開始！
- 学校配布教材の演習完成日を7日前と3日前に設定。
- この3つの日に印をつけることで学習計画は8割完成！

学年順位1ケタを目指す場合の「学習計画表」

月	火	水	木	金	土	日
11/10 **テスト勉強スタート**	11	12	13	14 **1回目完成点検**	15	16
17 **2回目完成点検**	18	19	20	21	22	23
24 中間・期末テスト ←→	25	26	27	28	29	30

- 中間・期末テストは範囲発表を待たずフライングして2週間前から勉強開始！
- 学校配布教材の演習完成日を10日前と7日前に設定。
- 日々、学校配布教材を解き進めていればムリなくできる！

5 取り組む順序は「数英」から「国理社」へ！

キッチリ学習計画を立てたい子のために、もう少し細かく見ていきます。

まずは、テスト勉強に取り組む教科の順番について——。

テスト勉強をスタートしたら、最初に取り組むべき教科は数学と英語です。

そして、これらの教科を仕上げた後に国語と理科と社会に取り組むことを私はすすめています。

なぜ、この順序がいいのかというと、各教科の特性が関係しています。

具体的には、その教科が「理解系」なのか「暗記系」なのかということです。

教科ごとに理解する要素と暗記する要素がそれぞれありますが、その割合を私の指導経験をもとに表してみると、次のような感じになります。

● 理解：暗記……「数学9：1」「英語7：3」「国語5：5」「理科3：7」「社会1：9」

ご紹介した教科の順で理解要素が強く、ご紹介した逆の順で暗記要素が強くなっているというわけです。

理解を伴った知識というのは記憶から抜けにくく、長く記憶を保持しやすいもの。

この特性を活かして、理解系の教科を先に仕上げるのです。

数学なんかはイメージしやすいですよね。先に仕上げてしばらく取り組まなくても、問題の解き方は覚えていますから、数学は最初に仕上げるのが一番ふさわしいです。

ここから教科の特性を考えて、理解を伴う度合いが高い教科から順に仕上げていきましょう。

英語の文法は理解系です。国語の読解も理解系です。理科も物理・化学は理解系ですよね。これらを優先的に仕上げます。

理解系の教科を仕上げたら、今度は暗記系の教科に取り組んでいきましょう。社会がイメージしやすいでしょうか。あまりに早く仕上げてしまうと、記憶から抜け落ちてしまい、あらためて覚え直す必要が出てきてしまいます。

したがって、暗記系の教科はこの特性を踏まえて、テスト近くで集中的に繰り返し演習するのが基本です。

取り組む順序は「数英」から「国理社」へ！

月	火	水	木	金	土	日
11/10 テスト勉強スタート 数 英	11 数 英	12 数 国	13 国 理	14 理 社	15 理 社	16 理 国 社
17 1回目完成点検	18	19	20	21 2回目完成点検	22	23
24 中間・期末テスト ←	25 →	26	27	28	29	30

● 理解系の数英が先、暗記系の国理社は後が基本。

念のため、取り組む順序の基本形を整理しておきます。

テスト2週間前、テスト勉強のスタートは数学からです。その次が英語。3番目が国語です。

理科のテスト範囲が理解系か暗記系かでまた変わりますが、基本的に3番目か4番目。最後に社会に取り組むという順です。

注意点は、英語の単語や熟語、国語の漢字などは完全に暗記要素なので、テスト直前に覚えているかの再確認を忘れずに。

このモデルケースの取り組み順を基本としながら、あとは自分自身の教科への得意・不得意に応じて前後を入れ替えてみてください。

6 理解度によってテスト勉強のスタート方法はこんなに変わる

ここまでのところでは、学習計画の大枠と、取り組む教科の順序をお伝えしてきました。

いよいよ、ここからテスト勉強のスタートを切っていきます。

中間・期末テストの14日前になったら、まずは学校配布教材を予想テスト範囲までひととおりやり終えることを目指して取り組んでいきましょう。

基本的に「問題演習をするときは、その前にサッと5分ほどその単元について教科書やノートで確認をするように」と第2章でお伝えしましたが、このパターンにあてはまらないときがあります。

サッと5分の確認をする程度では、問題演習がバツばかりになってしまう場合です。

簡単に言うと、その単元の理解度が低い場合ですね。

少し確認をしたくらいではわからない問題が多すぎる状態のときです。

実際、塾で指導をしていると、この場面に遭遇することがよくあります。

学校配布教材で大半が間違いで紙面が真っ赤なのに、かまわず取り組んでいる生徒がいるのです。

「ちょっと待って。間違いでそんなに真っ赤になるならば、まだ教材に取り組む段階じゃないよ。まずは単元の学び直しをしてからにしよう」

あまりに間違いが多い場合は、しっかり学び直しをしてから問題演習をしたほうが、全体の理解は早いからです。

学び直しからか問題演習からかの判断は、教材を開いてみて、**「半分以上間違えそうなら学び直しからスタート、半分以上正解できそうなら問題演習からスタート」**です。

実際に解かなくても、パッと見の感じで半分以上できそうかどうかはなんとなくわかるはずです（もし、確信がもてないなら、実際に2、3ページ取り組んでもいいでしょう）。

半分以上正解する自信があるなら、そのまま問題演習を始めましょう。

半分以上間違えそうな気がするなら、問題演習をする前にしっかり学び直す勉強を入れていきましょう。

学び直しからか？ いきなり問題演習からか？

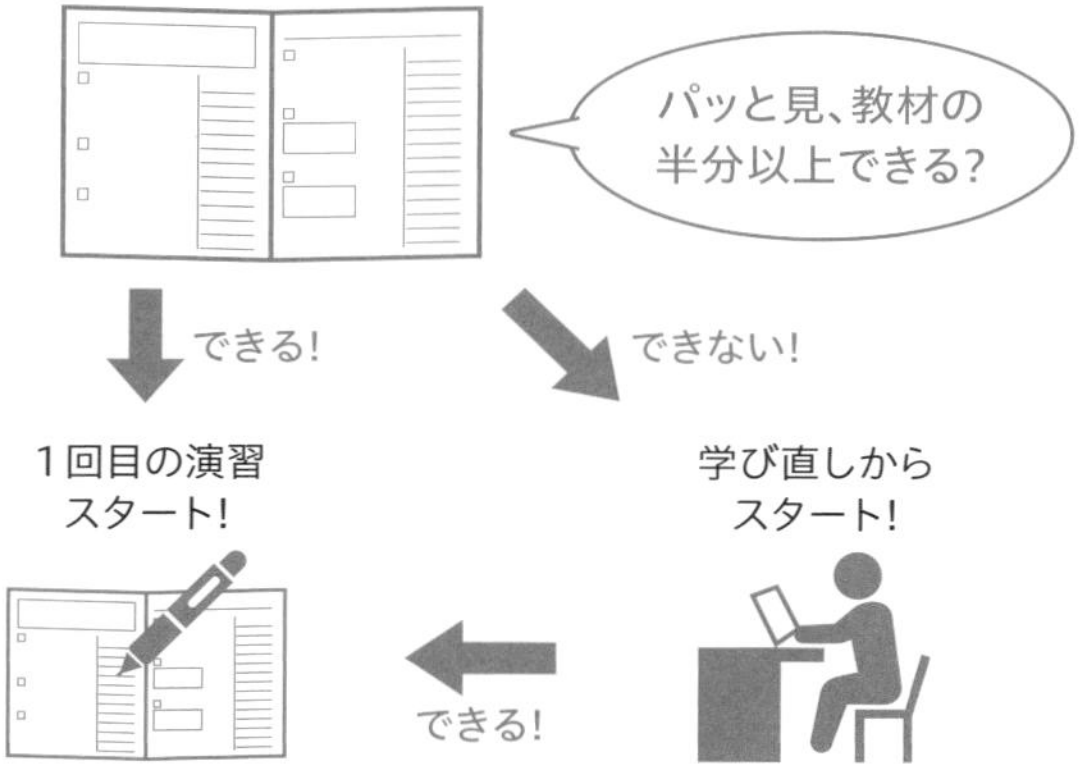

具体的に言うと、「学び直し」は英数国のような理解系の教科は教科書とノートをじっくり読み直して確認する勉強です。

また、理社のような暗記系の教科は教科書とノートをじっくり読み直すことに加え、出てくる語句の暗記も行う勉強です。

なお、学年上位を目指す子は、ここで半分以上間違えて学び直しからのスタートをしているようでは話になりません。

全ての教科でサッと要点を確認する程度で問題演習のスタートができるよう、日々取り組んでおくことです。

7 教材1回目の取り組みは、ただの仕分け作業！

教科書やノートの確認を終えて、教材の半分以上を正解する見通しがついた――。

ここで、ようやく教材の1回目の演習に取り組んでいきます。

私の塾の入塾面談では、**「学校の教材は何回やっていますか？」**と必ず聞くようにしています。

「1回です」と言う子には、こんな説明をしていきます。

「塾では学校の教材を各教科で2回3回と取り組んでもらうから覚悟してね。**教材というのは2回以上やって、初めて効果が出るんだ」**

「できないものをできるようにすることが勉強だから、1回やっただけでは、できないものができるようになったかどうかわからないよね？」

「教材の1回目は、できる問題とできない問題を分けただけ。ここからできなかった問題ができるようになったかを確かめるために、2回目に取り組んでいくよ」

生徒へのセリフでお伝えしましたが、問題演習においては、ここが一番大切なところです。

これを踏まえて、1回目の演習をしていきましょう。

教材1回目の演習は、2回3回と取り組めるよう、工夫をする必要があります。

その工夫の手段を3つご紹介します。

①ノートに解く

これは何度でも解き直せるので、一見、よさそうですが、学校配布教材の場合は、最終的に書き込んで提出を求められることが多く、記入するタイミングをとるのが難しいというデメリットがあります。おすすめ度は低めです。

②赤シートで消える色のペンを使って教材に書き込んで解く

薄めのオレンジペンをシャーペンがわりにして問題を解き、薄めのピンクペンを赤ペンがわりにしてマルつけをします。

いずれも薄い色のペンなので、赤シートをかぶせれば書き込みが全て消えます。

問題点は、わからない問題が続くと、赤シートをズラして答えを確認したくなる衝動に駆られることと、まれに学校の先生がこの色ペンでの解答を禁止してくるということです。

③解く前にコピーをしておいて、それを使って何度も解く

学校配布教材は市販していないので、あらかじめコピーをしておきます。

お金も手間もかかりますが、解答を問題のすぐ近くに直接書き込めてストレスがかかりません。

気のすむまで快適に繰り返すことができるので、一番おすすめです。


3つのうち、どれを選ぶかは自分の好みで大丈夫ですが、いずれにしても、ここにあげた3つの手段のどれかで解き直しができるようにしておきましょう。

これは、絶対に必要な準備です。

8 ひととおり解き終えてからが勉強のゴールデンタイム！

テストの7日前までに学校配布教材を予想テスト範囲までやり終え、1回目の教材完成点検のチェックポイントを無事に通過したとします。

いよいよここからが本番、**「本当の勉強」**が始まります。

繰り返しになりますが、大切なことなので、ここであらためて確認しておきます。

勉強とは「できないことをできるようにする」ことである――。

1回目の演習で取り組んできたのは、じつは**「できないものとできるものを分けただけ」**です。

まだ少しもできるようになっていませんから、勉強とは言えないのです。

ここから「できなかったものをできるように」すべく確認作業をして、再度解き直しをして、それが正解したときに初めて「勉強をした」と言っていいでしょう。

つまり、ここが勉強で一番大事なゴールデンタイムだということですね。

この時間をどれだけ長くつくることができるか、どれだけ濃く取り組むことができるかが勝負の分かれ目になります。

学校配布教材を7日前に仕上げてもらうのは、じつはこのゴールデンタイムを7日間確保したいからなのです。

具体的には、ゴールデンタイム前半4日は学校配布教材の2回目演習にあて、残り3日は仕上がりを見て自由に学習をする時間にあてるのがおすすめのパターンです。

もちろん、この期間も、取り組む順序は数英から国理社とすることを意識しながら進めていきます。

なお、次ページの下段に、モデルとして学習計画表の完成例を提示しておきますので、ぜひ参考にしてみてください。

中間・期末テストに向けた勉強のゴールデンタイム

月	火	水	木	金	土	日
11/10 テスト勉強スタート 数 英	11 数 英	12 数 国	13 国 理	14 理 社	15 理 社	16 理 国 社
17 1回目完成点検	18	19	20	21 2回目完成点検	22	23
24	25	26	27	28	29	30

点が上がるゴールデンタイム!（17〜23）

中間・期末テスト（24〜25）

● 1回目の演習は「できるとできないを分けただけ」で勉強ではない。
●「できないをできるにする」2回目からが本当の勉強&ゴールデンタイム!

中間・期末テストに向けた「学習計画表」の完成例

月	火	水	木	金	土	日
11/10 テスト勉強スタート 数 英	11 数 英	12 数 国	13 国 理	14 理 社	15 理 社	16 理 国 社
17 1回目完成点検 数 英	18 数 英	19 理 国	20 理 社	21 2回目完成点検 数 理	22 数 社 国	23 理 英 社
24 数 国 英・理・社	25 数・国	26	27	28	29	30

中間・期末テスト（24〜25）

● ゴールデンタイム前半4日間は学校配布教材の2回目演習。
● 後半3日間は仕上がりを見ながら自由に勉強をする期間。
※テスト前日は次の日のテスト教科を勉強する!

9 ゴールデンタイムの勉強はこう進めよう

さあ、ゴールデンタイムの具体的な勉強の中身を見ていきましょう。

最初にしてほしいことは、**「学校配布教材の1回目の演習で間違えた数を数える」**という作業です。

いまから取り組む教科について、テスト範囲でどれだけ間違えたかを数えてください。

数えたらテスト範囲の最終ページに**「1回目ミス○回」**と小さく書き込みます。

そして、2回目の問題演習の目標を**「間違えた数を半分以下にする！」**とします。

たとえば社会の教材。テスト範囲で間違いを数えたら、40問あったとします。

すると2回目の演習の目標は「間違いを20問以下にする！」ということになります。

目標を数字で決めたら、そこを目指して間違えた問題の再確認をしていきましょう。

具体的には、間違えた数を減らすことにピントを合わせて、**「解答解説」**を読み込むのです。

ここを読むだけでは理解できなければ、**「教科書」**まで戻って学び直しです。魂を込めて、脳に刻みつけるつもりで取り組んでいきます。

間違いの確認作業と2回目の演習は、テスト範囲全てを一気にやってもいいですし、2ページ～3ページずつなど小分けにやってもいいです。

大切なのは、2回目の演習に突入するのは、「よし！　これでミスの数が前回よりも減る！」という確信を得たときだけにすることです。

2回目に取り組んだら、あらためてミスの数を数えて、前回のミスの数を書き込んだ隣に**「2回目ミス〇回」**と書き並べましょう。

この数字が前回の半分以下になれば順調です。

胸を張って「勉強をした」と言っていいでしょう。

なお、演習の3回目以降は、ミスの数が順調に減ってきていたら、**「ミスしたところだけを再度解き直す」**という演習でもOKです。

そのためにも、ミスをした問題にはそのたびに必ずチェックをつけておいてください。

では、「学校配布教材は仕上がった」と言えるのは、どのような状況になったときでしょうか？

私の経験上では、「ミスの数が1ケタまで減ったとき」だと考えています。

その時点で、その教科の中間・期末テストで最低80点は見込めるはずです。


さて、ここまでくることができたら、100点を目指してさらに新たな勉強に取り組む時間にしていきます。

自分の理解度と仕上がり状態を考えて、自由に取り組める貴重な時間ですね。

「スーパーゴールデンタイム」と言っていいでしょう。

まずは、**「テスト範囲表に書かれた他の内容」**を最優先に取り組んで仕上げ、そこからは2冊目の教材となる**「市販教材演習」**に入っていきましょう。

「学校配布教材は仕上がったけれど、問題パターンを変えられても対応できる？　難易度が上がっても対応できる？」ということを市販教材演習で確認していくのです。

進め方は、ここまで取り組んできた学校配布教材と基本的に同じです。

しっかりと身につけるために最低2回は取り組みましょう。

取り組む単元については、「歴史は仕上がっているから、不安な地理だけやっておこう」「基本語句は完璧だから、実践的な問題部分だけやってみよう」などと、自分の仕上がりを考えて選ぶといいと思います。

追加で取り組む市販教材は、まずは進研ゼミやZ会のような**「通信教材」**が安定しているのでおすすめです。

また、書店で購入できる教材では旺文社の**『中学定期テストの対策ワーク』**というシリーズが、解答解説が詳しくて全体のバランスもよくおすすめです。

ちなみに、簡単に「ミスの数が1ケタになったら」などと言っていますが、ミスはそんなに簡単に1ケタにはなりません。

そのときの学力によっては、1ケタになったらテスト前日の夜だったとか、結局1ケタまで仕上がらなかったなどということは多々あります。

もしもミスの数が1ケタまで減らないときには、新しい教材はいりません。

学校配布教材のミスの数を減らすことに最後まで集中しましょう。

それがベストな取り組みです。

次ページに、ここまでご説明してきた中間・期末テスト勉強の一連の流れをフローチャートでまとめました。

ぜひ、これに沿って勉強してみてください。

中間・期末テストへ向けた勉強の一連の流れ

10 「独学の壁」を乗り越えれば、面白いほどレベルアップできる！

入塾してきて順調に成績を伸ばしてきた大人しめな女の子。

安定してどの教科も80点以上をとれるようになって上り調子ですが、志望校はさらに上のレベルで、本人はもっと成績を伸ばしたいと思っています。

私は、こういう子には塾の面談でこう伝えます。

「今日までよく頑張ってここまで成績を伸ばしてきたけど、志望校に合格するには、もう1レベル上げていかなければいけないよね」

「おそらく1人で努力ができる上限近くまで来ているのかもしれないんだ。この壁を破るために、新たに**『人に質問して問題を解決する』**という手段に挑戦してみてほしい」

「解答解説を読んでも理解しきれない問題や、『理解は浅いけど、こういうパターンだと思って解いてしまえ』などとやりすごしてきた問題は、必ずあるはず」

「そんな表面の理解だけでなんとなく正解していた単元は、少しひねられただけで全く手が出なくなるよ。だから、理解の浅い問題は、人に質問をしてきちんと理解をするという次のレベルの努力をしよう」

このアドバイスが効いたのでしょう。

彼女は見事、志望校に合格することができたのですが、彼女に限らず、こうした**「独学の壁」**を乗り越えた生徒たちは、もれなくもうひと伸びしていきます。

実際、目指す目標のために新たに自ら行動を起こせる人は強いです。

周りの人とつながって助けを求めることができる人は強いです。

解答解説を読んでも理解できない問題があれば、ぜひ学校の先生、塾の先生、家族、友人、だれかれかまわず質問をして解決していきましょう。

ただし、その際に注意してほしいことがあります。

それは、「質問のダークサイド」に落ちないようにするということです。

質問のダークサイドとは、「解説を読むのが面倒くさい！」「人に聞いたほうがラクだ！」などという怠け心から質問してしまうことです。

私の塾でもたまにいますが、ダークサイドに落ちた子が質問をもってきたときには、爽やかに追い返します。

【質問の作法】
①解答解説を読んでから質問すること
KAIS ETSU
②一度にたくさん質問しないこと
SHI TSU MON
③質問後は必ず自分で解き直しをしてみること
④解答解説のない問題は質問しないこと
STOP
⑤わかっていないのに「わかりました」と言ってしまわないこと
⑥「質問のダークサイド」に落ちないようにすること

「解説を読んでないの？　自分で理解する気ゼロでラクをしようというのかい？」

「出直しておいで。解説を読んでもわからなかったら、またおいで」

そんな生徒は苦笑しながら席に戻っていきます。

このように、単なる「人頼み」「甘え」「依存心」などから出てくる質問はともかく、自分で努力を重ねたうえで出てきた質問を何度かしていくと、自然と**「質問上手」**になっていきます。

上に私が提唱している**「質問の作法」**を掲載しておきますので、この作法を踏まえてどんどん質問して、**「1レベル上の実力」**を身につけてください。

11 テストで「時間切れ」にならないための必勝法

学校配布教材がひととおり仕上がって、次の追加教材に突入するというときに、新たに取り組んでほしいことについて見ていくことにしましょう。

「正確に解く」ということができるようになったならば、次は「早く解く」ことを目指してください。

テストというのは制限時間のなかで全て正答することを目指して取り組むものです。

あなたも、こんなセリフを言ったり聞いたりした記憶がありませんか？

「最初の英語長文読解問題で時間がかかって最後まで問題が解けなかった」

「難しい問題でずっと考えてたら時間が足らなくなった」

「問題数が多くて全部やりきれなかった」

中1生ならまだしも、中3生でさえ、まだこのセリフを言ってきます。

もう何度も何度もテストを受けてきているのにもかかわらずです。

「テストはできる問題から取り組んで、まずひととおり最後まで解く」などというテスト中の解き方のコツももちろんありますが、高得点を目指すならば、**「わかっている問題を素早く解く」**という習慣を身につけることが大切です。

たとえば英語や数学で、学校配布教材では見なかったパターンの問題や、教科書の本文に少し手を加えたような長文問題、さらにはテストで大きな時間を使ってしまいそうな初見の問題が出題されたとします。

こういった問題に対しては、

「わかっている問題を素早く解き終えて、そこで稼いだ残り時間をパッと見たときにわからなかった問題を考える時間にあてる」

という作戦で立ち向かってほしいのです。

そして、そのためにも「早く正確に解く」ということを身につける必要があるのです。

実際、演習が進んで理解が深まってくると、問題を読んで答えが頭に浮かぶまでのスピードが上がってくるはず。

「えーっと、たしか……」などといった間がなくなるわけです。

こうなったら、答えを書くスピードも意識して上げていきましょう。

たとえば、**「学習時にタイマーを使って時間を測るように習慣づける」**という方法がおすすめです。

具体的には、1回目の演習を終えたら2回目から見開きページごとで時間を測るといった感じです。

そして、見開きページごとに測ったタイムを端に書き加えておきましょう。

加えて3回目の演習時には、ミスを減らすこととともに、2回目のタイムを更新することを目指すのです。

こうすることでスピードを意識した問題演習ができるようになっていきますし、ダラダラと取り組むことも防ぐことができます。

スピードを意識してこなかった人は、ぜひこの方法を取り入れてみてください。

きっと、その効果に驚くことでしょう。

12 副教科の勉強をする量とタイミングは？

「勉強の得意な子たちって副教科の勉強をどれくらいやっているんだろう？　いつやっているんだろう？」

これについては、この章の最初でアンケート結果をご紹介しましたよね。

●副教科に取り組み始めるタイミング……テストの6・2日前

また、このアンケートをとる以前に、別の学年順位1ケタの子たち7名にアンケートをとったことがあるのですが、そのときに得たデータは次のようなものです。

●副教科を勉強するタイミング（7名の解答）……2日前と前日、3日前と前日、土日と前日（これのみ2名。ほかは1名）、1週前と前日、2週前と前日、前日と当日朝これを見ると、全て**「前日とどこか」**という回答になっています。

なぜこうなるかというと、**「副教科というのは勉強のフライングがしづらい教科」**だからです。つまり、テスト範囲が発表されてから取り組んだほうが効率的だということ。

そして、副教科の担当の先生方からお叱りを受けることを覚悟で思いきって言ってしまうと、すぐに忘れても大丈夫な知識です（ゴメンナサイ！　でも本当！）。

原則として、その後、社会に出てから日常の生活で副教科の知識が必要な場面が出てくれば、そのときに再度知識を入れ直せば、とくに支障はありません。

だから、副教科はテスト直前に集中的に覚えてテストを迎えてもOKです。

記憶力に自信があれば、邪道と言われる一夜漬け勉強で突破してもいいでしょう。

副教科の勉強をスタートするのはテスト範囲が発表されてから。

各教科の勉強回数は原則として2回で、前日ともう1日どこかで実施。

これを副教科の基本の取り組み方にするといいでしょう。

また、副教科は主要教科とは対照的に、**「実技」**が成績をつけるうえで重視されます。

たとえば、保健体育の筆記テストが満点であっても、実技が本当に苦手な子の通知表は4か3でしょう。

この事実をしっかりと踏まえて、中間・期末テストでは副教科に対してあまり大きな時間を割きすぎないのが大事なコツでもあります。

ちなみに、副教科については学校配布教材がないことが多いため勉強しづらいですよね。

では、どのような勉強をしていったらいいでしょうか？

第1章でもお伝えしたように「教科書をノートにまとめる」は絶対にやってはいけない方法です。時間がどれだけあっても足りなくなります。

副教科の勉強法の基本は、テスト範囲全てにおいて緑か青のチェックペンで教科書の重要語句を塗りまくって、赤シートをかぶせて覚えることです。

応用技としては、**「市販の対策問題集」**を購入して取り組むことがあげられます。

書店では副教科の4教科合本の市販教材が売っています。

たとえば、**『中学得点UP問題集 実技4科』**（増進堂・受験研究社）などです。

主要教科では学校配布教材があるので、いきなり市販教材を購入することはおすすめしませんが、教材がないために勉強のしづらさを感じる副教科があれば、こういった教材を購入して取り組んでみてください。

13 テスト前日に必ずやるべきこと・やってはいけないこと

さて、いよいよテスト前日を迎えました。

最後の追い込みだと勉強に気合いが入る日ですよね。

いい準備をしてテスト当日を迎えることができるように、テスト前日にやるべきことと、やってはいけないことを書いておきます。

まずは、テスト前日にやるべきことから。

次の日のテスト教科の出題範囲を最終確認しましょう。

学校配布の出題範囲表をじっくりと読んで確認します。

やりそこねているテスト範囲のプリントはありませんか？

提出課題は範囲まで終えてありますか？

こういった確認とともに、テスト前日として取り組むべき勉強内容を、ここで最終決定します。

テスト前日の勉強内容としては、時間がない場合は、いままでに取り組んできて1回でも間違えた問題の確認が短時間でこなせるのでいいと思います。

もしも次の日のテストの教科数が少ないなど、時間にゆとりがあるならば、再度学校配布教材をひととおり解き直してみてもいいですね。

テスト前日の段階で、正確に早く解くことができるようになっているか？

前回、間違えた問題ができるようになっているか？

をここで確認するといいでしょう。

あとは、暗記要素の強い出題範囲は再度、前日にテストをして仕上がりを確認しましょう。

国語の漢字や英語の単語などですね。

これらは、前日にこそやるべき内容です。

「テスト範囲の漢字は3日前に完璧にしたよ」などという考え方は危険すぎます。

人間のものを忘れるスピードをなめてはいけません。

単純な記憶ほど、忘れるスピードは速くなります。

必ず、**「最終確認」**をしてください。

今度は、テスト前日にやってはいけないことを2つご紹介しましょう。

一番やってはいけないのは、「深夜まで勉強する」ことです。

テスト前日に塾から帰る際、「やばい。やらなきゃいけないことがまだたくさんある。今日は寝られないや」などと、なぜか嬉しそうに言う子がいます。

テスト前日の追い込みを頑張っている自分に酔っている感じでしょうか。

私は、真顔で返事をします。

「ダメダメ。頑張りたい気持ちはわかるけどね、睡眠時間は絶対削っちゃダメなんだよ」

「睡眠時間が6時間になっただけで、脳は酔っぱらっている人と同じくらいの反応だっていう研究結果もあるからね。せっかく頑張っても全力を出せなくなっちゃうんだ」

「やりたいことがたくさんあっても、**就寝時間になったらタイムアップ**だと思って、いつもと同じ時間に寝なよ」

テスト前日にやってはいけないことの2つ目は、**「教科書をノートにまとめる勉強」**です。

じつは、第1章でお伝えした、この「ピントが外れた勉強」をテスト前日にやってしまう子が意外なほど多いので注意が必要です。

「テスト前日だから、**『問題を解く勉強』**をしていきなよ。部活の大会前日に準備運動をし続けるなどということはないでしょ？　練習試合とか実戦的な練習をするよね？」

こんなふうに指導しているのですが、それにもかかわらず確信犯的にテスト直前にこの勉強をする生徒もいるのです。

わざとテスト前日に取り組むのはなぜか？

それは、「テスト直前に間違ってしまうという現実を見たくない」という繊細な気持ちからです。

だから、自分のでき具合を確認しなくてもいい「快適な勉強」に逃げるのでしょう。**「頑張っている自分」**を装うことができるので、「教科書まとめ」はとても都合がいいのです。

ちょっと意地悪な表現で書きましたが、不安を抱える子の気持ちはよくわかります。

それでも、不安が大きいときこそ、こういう効果の薄い勉強をするのではなく、いままで解いてきた教材を最終確認で再度取り組むようにしてほしいのです。

実際、私は塾の生徒たちに、高校入試の直前時期も、不安を大きくさせないように、解き慣れた問題を解いてもらっています。

テスト前日は心身ともにコンディションを整えることを最優先する——。

そうすることで、万全の態勢でテスト当日を迎えるようにしてほしいと思います。

以上、私の塾で実際に取り組んでいる指導をベースにして、中間・期末テストの勉強法全般についてお伝えしました。

ぜひ、できるところから実践していってください。

第4章

＼ライバルとグッと差がつく！／

［教科別］点数が驚くほど伸びる勉強法

7

英語①

英単語はこの覚え方がベスト！

ここまでのところでは、主に日常の勉強の進め方と中間・期末テストに向けての勉強法についてお話ししてきました。

この章ではさらに掘り下げて、**「主要5教科と副教科の勉強に取り組む際のコツ」**についで見ていきます。

コツについては細かく言い出したらキリがないのですが、ここではだれにでもすぐ取り組めて効果のあるものを厳選しました。

私自身が100冊を超える勉強法の本を読み、全国の塾の先生にお会いして学び、自塾で実践してみて、よかったものだけをご紹介します。

「これはよさそう」というものがあれば、すぐにマネをしてみてください。

それでは、さっそくお伝えしていきます。

まずは、**「英語」**から――。

数年前に、私の塾の中3生全員で**「英単語コンテスト」**を開いたことがありました。

結果は、英語の得意な子たちが上位に並ぶという順当なものではあったのですが、驚いたのはここからです。

英単語コンテストの上位4名が、外部の模試を受験した際に出た英語の偏差値の上位4名と一致したのです。しかも、それぞれの順位まで！

この事実から言えるのは、ただ1つ。

英語は、英単語がものすごく大事！

ここでは、私が塾の指導者として20余年、試行錯誤の末にたどり着いた、だれでもムリなく実施できる英単語の覚え方をご紹介します。

英単語の覚え方は、基本的に以下の3段階です。

① 読んで訳す練習
↓

②書く練習
↓
③全単語を書くテスト

まずは、**「読んで訳す練習」**です。

英単語も漢字も、覚えるときには同じコツが存在します。それは、**「読めないものは覚えられない」**、逆に言うと**「だからこそ、まずは読めるようにする」**というコツです。

そして、英単語を見て読めるようにする作業と意味を覚える作業を、ほぼ同時に行っていきます。

「『talk』は……。『トーク』と読むのか。意味は『話す』ね」

このように、覚えるべき英単語の読み方と意味をどんどん確認していくのです。

ひととおり作業が終わったら、読み方と意味を覚えたかどうかをテストしていきます。

読み方と意味を手で隠して1つひとつ確認していきましょう。

答えるときに1秒でもつまってしまう単語にはチェックをつけて、再度覚え直しです。

パッと1秒以内に口に出せるように覚えましょう。

効率よく英単語を覚える方法①

最初は読んで訳せるようにする。
「『talk』は『トーク』で『話す』って意味。
『eat』は…… 『play』は……」

ひととおり終えたら
読み方と意味を隠してテストを。
「『トーク』は『話す』。『イート』は……
なんだっけ？」

「そうだ、『食べる』だ」

できないものにチェックを必ずつける。

チェックがついた単語を
覚え直して、後で再テスト。

全部読んで訳せるようになるまでやる。

読み方と意味を全部覚えたら、**「書く練習」**に移行します。

具体的には、1つひとつの単語をつぶやきながらノートに書いていきます。

回数を限定して、できるかぎり少ない回数で書いて覚えていきましょう。

「1つの単語をスキマなく2行練習してきなさい」などと修行のような宿題を課してくる先生もいますが、書く量が多すぎると、覚えることではなく、文字でノートを埋めることが目的になってしまいかねません。

これを避けたいので、書いて覚える練習は、少ない回数に限定していくのです。

ここでは、4回に限定した取り組み方でお伝えしていきましょう。

まずは、つぶやきながら3回練習で書いていきます。

「トーク、トーク、トークっと」

目と手だけで覚えているところに、つぶやくことで口と耳が加わります。

身体の多くの感覚を使うことで、覚えやすくなるのと同時に、忘れにくくなるのです。

3回書いたらラストの4回目。4回目は書いた3回の単語を手で隠して、覚えたかどうかを確かめる**「プチテスト」**をします。

見事、ここで書けたなら、ひとまず合格。

効率よく英単語を覚える方法②

「トーク、トーク、トークっと」とつぶやきながら3回書く。

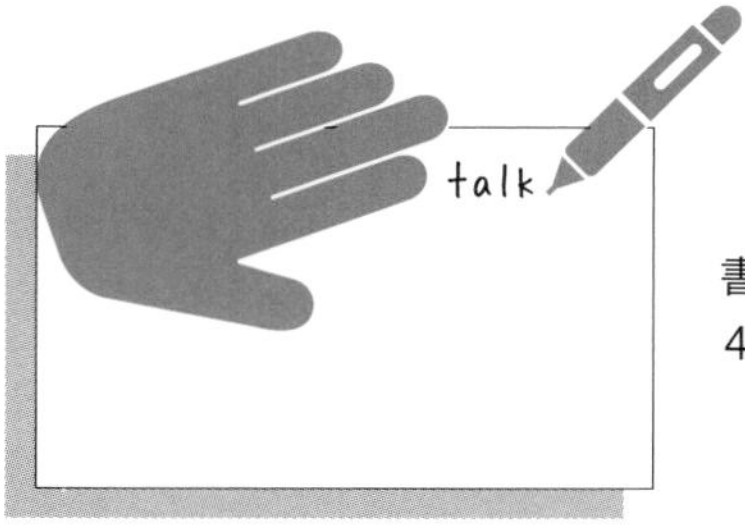

書いた3回を手で隠して、
4回目を「プチテスト」とする。

見事、書けたら次の単語練習へ。
間違えたら再度、
同じ書く練習をする。

次の英単語練習へ移りましょう。

間違えたら、再度3回書いてから**「再プチテスト」**です。

これで覚えられなかった単語は、覚えるまで4回ずつ書く回数が増えていきます。

その単語の難しさの具合で書く回数が変わりますが、覚えて書けた時点で終了するので、ムダに書きすぎることがありません。


さて、ひととおり書けるようになったら、全ての単語を一気に**「書きテスト」**で確認していきます。

まずは日本語訳を書き、そのリストを見ながら、練習した英単語が書けるかを試していきましょう。

ここでミスをした英単語にはチェックをつけて再度覚え直し。

覚え方は先ほどと一緒です。

これで、ひととおりミスなく書けるようになれば完成。


以上が、私が自塾で指導している英単語の覚え方です。

効率よく英単語を覚える方法③

ひととおり書けたら、
最後に「書きテスト」を行う。

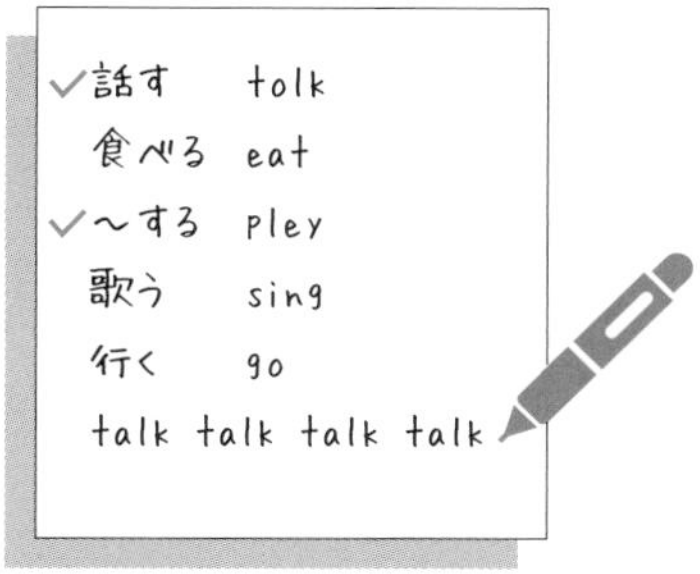

間違えたらチェックを必ずつける。
テスト後にチェックのついた単語を再度覚え直し。

全部書けるようになるまで
練習とテストを繰り返す。
全部書けたら完了。

この覚え方で取り組んだ生徒たちは、修行のように英単語でノート一面を埋めることがなくなるだけでなく、単語を覚えるまでの時間を圧倒的に短くしました。

ぜひ、この方法を基本としながら、「書く練習は6回ずつ」とか、「明らかに書ける単語は書く練習をカット」とか、自分なりにアレンジをして実践してみてください。

なお、ここでは私が考えるベストな英単語勉強法をお伝えしましたが、なかには自分で気に入って実施している方法のある人がいるかもしれません。

どんな方法であっても大切なところは変わりませんから、以下の2つの重要ポイントを守れているかどうかをチェックしてください。

①問違えた問題にチェックをつける
②覚えたかどうかテストをして確認する

できない問題をできるようにするのが勉強ですから、この2点が守れていたらOK。

どうぞ自分に合った英単語勉強法で臨んでください。

2 英語②

教科書本文の「音読」で理解がグンとアップ！

数年前に、私の塾の中3生全員で「英単語コンテスト」を開いたことがありました。

結果は、英語の得意な子たちが上位に並ぶという順当なものではあったのですが、驚いたのはここからです。

――このフレーズ、さっき聞きましたよね。

先ほどは「英語の偏差値上位4人と英単語テスト上位4人が順位まで同じだった！」ということをお伝えしたエピソードでした。

じつは、この話にはまだ続きがありまして、もう1つ大事な事実が隠れていたのです。

それは……。

「英語の偏差値&英単語テスト上位4名のうち3名が英会話教室に通っていた経験がある生徒だった！」

というものです。

つまり、一番英語の得意な子たちが**「ネイティブの先生の英語を『聞く』機会と、学んだ英語を『話す』機会があった」**ということです。

これから日本全体で取り組んでいく英語4技能（聞く・話す・読む・書く）をバランスよく学んできた生徒たちの英語の成績がよかった——。

まずは、この事実を受け止めて、積極的に英語学習のなかに**「聞く・話す」**を取り入れていきましょう。

では、具体的には何をすればいいのでしょうか？

答えは、「教科書本文の音読」です。

学習塾の指導のなかで取り入れることが難しく、それでいてしっかり取り組んだらすごい成果を出す英語の勉強が「教科書本文の音読」であると私は思っています。

やり方としては、そのまま教科書をガンガン音読していってもいいのですが、音読の威力を2倍3倍にする頼もしい教材をご紹介しましょう。

それは、「教科書本文の音源」です。

本文をネイティブが読んでくれている音源ですね。

これが2021年の教科書改訂より、全ての英語教科書に本文音源へのQRコードが掲載されるようになりました。これまでは書店で購入する必要があったのですが、それが無料になるというわけです。

文部科学省の「聞く・話す」を重視する姿勢を感じますね。

「聞く・話す」については、ふだんの学校の宿題では出されませんから、最初に取り組み方をキッチリ決めておくことが、継続して取り組むうえでの大切なコツになります。

ちなみに音読を行うタイミングは、内容の理解が深まっている**「学校で習った直後」**がベストです。

したがって、**「習ってすぐ、学校配布教材に取り組む前のタイミング」**に音読をするようにしていきましょう。

それでは、具体的に音読をやってみます。

目指すのは、音源のネイティブのように、なめらかに早く音読をすることです。

手順は、「音読→音源を聞く→音源を聞きながら音読→音読」の4段階。

まず、自分なりに**「音読」**をしてみましょう。

出てくる単語も文法も、学んだ直後で理解が深まっているので、読むことに集中できるはずです。

音読をしたら、次は**「音源を聞く」**に移ります。

最初は、そのスピードに驚くかもしれません。

ネイティブが手加減なしでペラペラと読んでくれていますからね。

ネイティブが読んでくれている個所をちゃんと目で追えたでしょうか？

追えなかった人は、繰り返し聞いて、目で追えるようにしましょう。

それができるようになったら、3つ目の手順の**「音源を聞きながら音読」**へ進みます。

今度は、音源の音声を追うように自分もマネをして音読するわけですね。

影のように後から追いかけて読むので、**「シャドーイング」**と呼ばれている練習方法です。

音の上げ下げや強弱などをマネしながら、同じスピードで音読できるようにトライしましょう。

何度繰り返してもいいので、音源のスピードで音読ができるよう練習をしてください。

ここまでできるようになったら、最後に自分１人で音源の音声を再現するように**「音**

読」します。

最初に自分なりに読んだ1回目と比べると、速くなめらかに読めるようになっているはずです。

音源と同じ速度で音読ができるようになったときには、「話す力」はもちろんのこと、単語力や文法力、さらにはリスニングの力まで、もれなく上がってきます。

簡単にやってみてもらえるようにシンプルに示しましたが、なかなかうまくいかない場合は、必要に応じて各段階で繰り返す回数を増やして実行してみてください。

さて、ここまでをお読みになって、**「それって、いつやればいいの？」**と思われた人もいるかもしれませんね。

そう、いつだって中学生は多忙問題との対決になります。

取り組むべきタイミングは指示しましたが、「果たして睡眠時間を削らずに、このプラスアルファの勉強のための時間を毎回確保できるかどうか？」ということです。

塾の日など、時間のない日もあるでしょうから、もう少し簡略化して行う方法も伝えておきましょう。

それは、「音読→音源を聞く→音源を聞きながら音読→音読」の4段階から、「音源を聞く→音源を聞きながら音読」の2段階のみとする、というものです。

リスニングの練習も兼ねていますから、音源を利用した部分のみをやるわけです。

これだったら、5分あれば実施可能になります。

継続して音読することで力がついていきますから、時間のない日でもなんとか続けて実施していきましょう。

まだ余力がある子へ向けて、さらに力をつけるための学習法を書いておきます。

音読でここまでスラスラとできるようになれば、あと2段階追加したいところです。

それは、「教科書本文の暗唱→教科書本文の英作文」という勉強です。

中学の教科書の本文は、重要な学習事項がみっちり詰められた短文の集まりです。

したがって、これを基本の型として暗唱できるようにしてしまうのです。

また、教科書レベルの日本語短文をパッと英文にして発声するというトレーニングは、学校の英語の勉強はもとより、英語を話すことを目指すうえでとても効果的です。

覚える区切りは、各単元のパートごと（教科書1ページごと）です。

学校で訳した教科書本文の日本語訳を見ながら2文～3文ずつ覚えていきます。**最終的にパートの全文をスラスラと英文で言えるようにしてください。**

家族に聞いてもらって、確認できるといいでしょう。

教科書本文の日本語訳を見ながらスラスラと英文が言えるようになったなら、最後はそれを書けるようにしていきます。

ここまでできれば、ほぼ完璧。

中間・期末テスト前にテスト範囲の教科書本文をこの手順で仕上げることができたなら、**「揺るぎない基礎英語力」**にもなります。

そのテストの結果がよくなることはもちろん、高校入学以降の英語学習にも大きな財産になることでしょう。

しっかりとした英語力をつけたいと思う人には、ぜひここまで目指してほしいと思います。

3 数学①
計算力は「正確に→早く」の順で身につけろ！

数学について、どんな単元にも共通している大切なコツはこちらです。

計算力は「正確に→早く」の順で身につけろ！

正答にたどり着くまでには、計算問題はもちろんのこと、関数や図形など、多くの単元で計算が必要となってきます。いくら関数や図形が得意であったとしても、計算が間違ってしまえば、結果として不正解になってしまいますからね。

だからこそ、数学のあらゆる単元で**「早く正確な計算力」**が必要とされるのです。

「早く正確な計算力」を身につけるまでのルートは全部で3つあります。

- 「早く計算」できるようにしてから「正確に計算」できるようにする
- 「正確に計算」できるようにしてから「早く計算」できるようにする
- 「早く」と「正確に」を同時にできるようにする

早く正確に計算ができるようになる最短ルートはどっち？

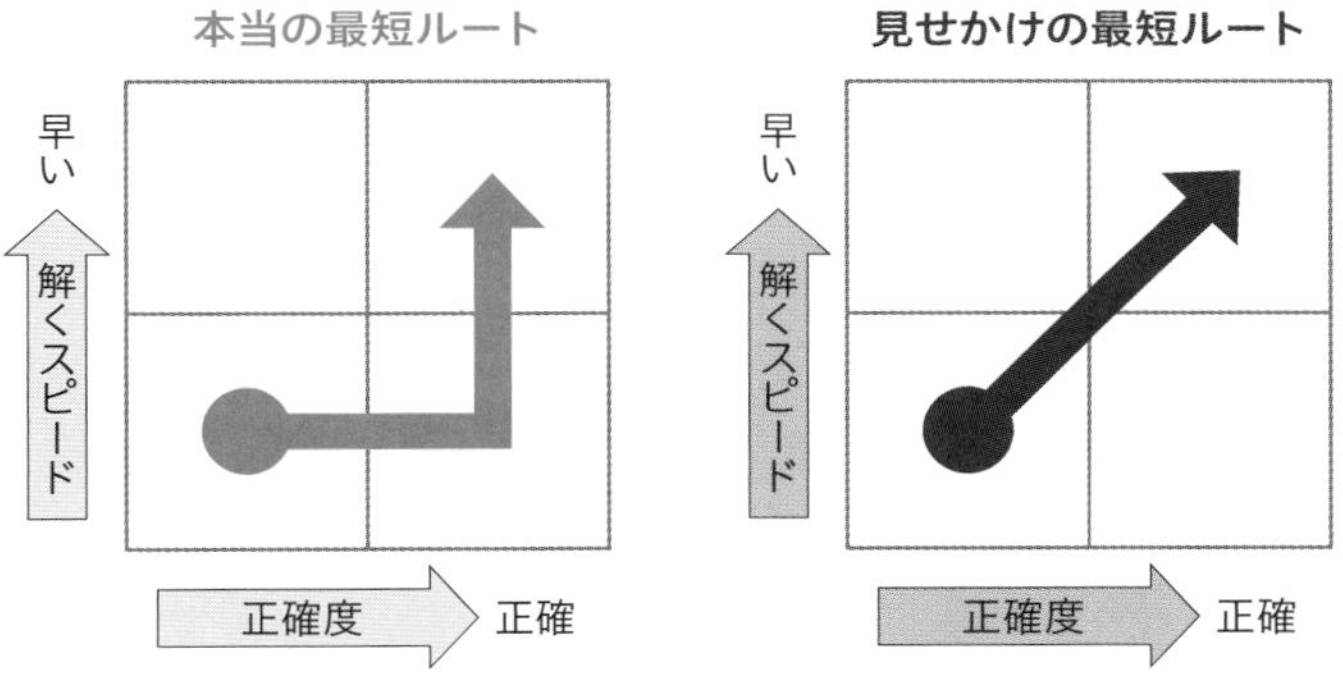

おそらく、「早くと正確を同時に鍛えるのが最短ルートでは？」と思うかもしれませんが、そんなにうまくいかないようになっています。

パッと見では最短距離のこの作戦、安定して正答が出せていない状態でスピードを求めるので、じつは結果として上達スピードはゆっくりとしたものなのです。

一方、遠回りに見えて結果的に最短となる計算力のつけ方は、「正確に計算」できるようにしてから「早く計算」できるようにするルートです。

問題を解くスピードが光速でも、全問不正解では0点で無意味です。スピードを求めるのは正確に解けるようになってからなのです。

ここから正確に解けるようにするためのコツと、早く解けるようにするためのコツをそれぞれお伝えします。

まず、正確に解けるようにするための具体的な作戦は、以下の2点です。

① 途中式を丁寧に書く
② ペン差し確認で見直す

「当たり前すぎる！」と読み飛ばしたくなるかもしれませんが、これはものすごく大事なコツです。

読み飛ばそうと思う人ほど取り組んでほしいですし、「もう取り組んでいる」という人も、本当に正しく取り組めているかどうかをここで確認してください。

実際のところ、私の塾に入ってきたばかりの子で、途中式が書けていないケースは本当によくあります。

途中式が答えまでつながらずバラバラのグチャグチャで、どこに何が書いてあるかわからないという子、頭のなかで計算をしているために途中式がゼロで、いきなり答えが書いてある子、途中式を別の計算用紙に書きなぐる子……。

これらは全てダメな解き方で、入塾後すぐに指導をしていきます。

「途中式は正しく解くことができたかどうかを後で確認するためにあるんだ。君の途中式では後で確認ができないよね」

「どこでどう間違えたかを確認して直していくことで、正確に計算ができるようになっていく。だから、途中式は丁寧に書こう」

どれだけ数学が得意な子であっても、途中式が我流で正しくない場合は、途中式を丁寧に書くよう指導しています。

途中式が丁寧に書けるようになったならば、正確に計算ができたかどうか見直しをしていきます。

「人間は必ずミスをする」という前提で、真剣に取り組むのです。

その際には、「ペン差し確認」で見直していきましょう。

ペン差し確認とは**「指差し確認」**の勉強版です。

「確認」の方法によるミスの発生率の違い

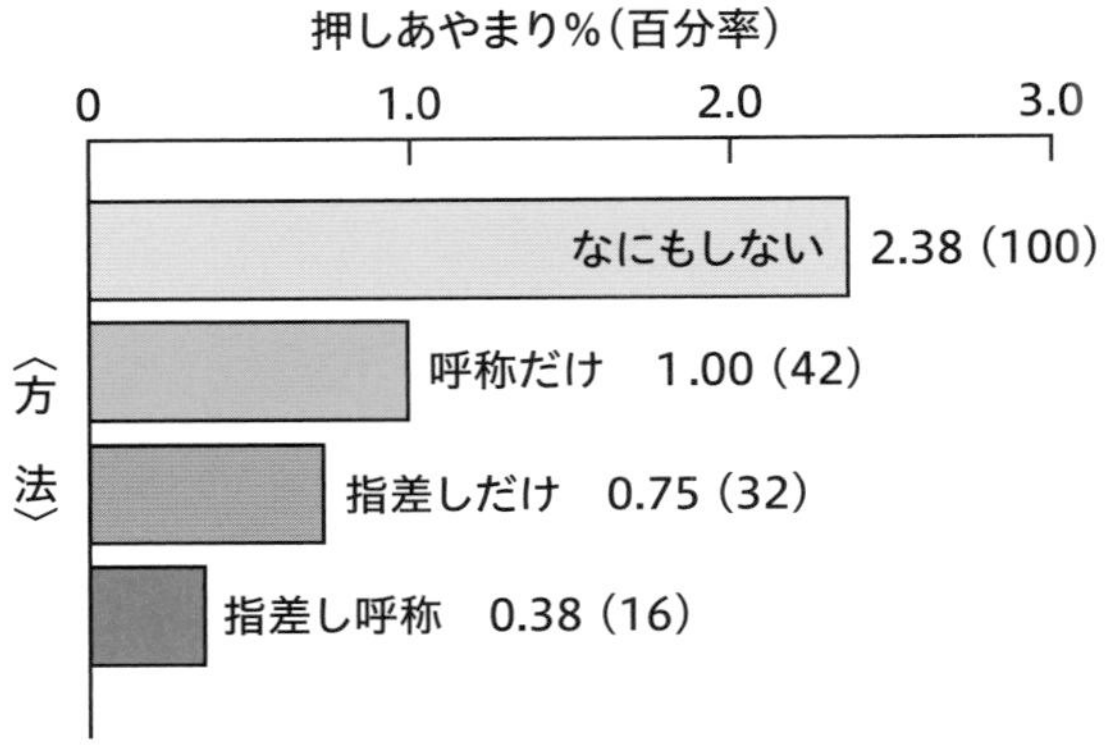

あなたも、電車の車掌さんが発車時に指差し確認をしているのを見たことはありませんか？

「よし」という声とともに、確認個所を指で差し、安全を確認しているあの作業です。

何しろミスがあると人命にかかわることさえ充分に起こりえます。

したがって、そのミスを極力減らすために行われているのが指差し確認なのです。

実際、指差し確認をするかしないかで、ミスが出る確率が大きく変わるというデータもありました（図：指差し呼称の効果検定実験結果——平成8年・財団法人　鉄道総合技術研究所）。

さて、私たちは指をペンに変えて見直しを開始していきましょう。

解いた問題の途中式を、再度頭のなかで声を出して計算していきます。

頭のなかの計算と書いた途中式が同じになっているかを、順を追ってペンで差していきます。

「まず12で通分をして……、分配法則で８x＋４……」

「＋６x＋９……、あっ！　ここの符号はマイナスだ！」

実際に声を出して確認したほうが効果は高いですから、周りに気づかれないくらいの音量で、ぜひブツブツ言いながらやってみてください。

もしも安定して正解する計算力を身につけたならば、毎回の見直しは卒業です。

引き続き見直しなしでいけるように、慎重に計算問題に取り組んでいってください。

もちろん、ミスを出してしまう状況が続くならば、引き続きペン差し確認を実行していくことは言うまでもありません。


以上、ここでご紹介した２つのコツを実行し、正確に解けるようになったなら、ようやくここから早く解けるようにしていきます。

高校入試では難易度の高い問題を試験時間内に解く必要がありますから、早く解けるようにもしなければいけません。

早く解けるようにするための具体的な作戦も2点です。

①タイマーを使う

②反復練習する

時間を意識しながら計算問題を解く機会は、ふだんあまりありませんが、早く解けるようになるには、そうした練習が不可欠です。

したがって、自分で時間を意識しながら問題を解く機会をつくっていきましょう。

やり方は簡単です。

学校配布教材の1ページずつで解く時間をタイマーで測って、ページの端にその時間を記入しておくだけです。

そして、2回目の演習をするときに、その時間を縮めることを目指しましょう。

私の塾でも、解く時間を早めたい生徒にはタイマーを利用するようにしてもらっています。

面白いもので、タイマーが作動していると、意識して解くからか、自然とだんだん早くなっていきます。

あとは反復練習あるのみです。

計算力をつけることに定評がある公文式にしろソロバンにしろ、簡単に言ってしまえば反復練習で力をつけています。

考えて1問1問解く段階から、反復することで反射的にやれるレベルにまでしているのですね。

繰り返し取り組んで慣れていく——。

この当たり前なことを地道に取り組んでください。

これら全てを実行に移せば、必ず早く正確な計算力を手に入れられることでしょう。

4

数学②

文章題は情報を「図」で表せ！

算数・数学において、小学生の頃から皆が苦しめられるのが**「文章題」**です。

その理由の多くは、書いてある内容を正しく把握することができないことにあります。

この難敵「文章題」を攻略していきましょう。

伝えたい大事なコツは1つだけです。

ズバリ、文章題は情報を「図」で表す――。

たとえば、次に掲載したクイズのような問題が出されたとして、実際に解いてみてください。


「Aさんから Dさんまでの4人が1列に並んでいます。Aさんは Cさんと Dさんの間にいます。Bさんの右側には2人います。Dさんの左には人がいません。4人を正しく並べてください」

実際にこの問題を私の塾の生徒にも出題してみました。

いろいろとメモを書いた結果、「わかりません」と言った生徒に、シンプルな横4マスの図を書いてあげました。

「ここにあてはめて考えてごらん」と指示を出すと、スッと一番左にDが入って、そこから10秒もたたず正解にたどり着きました。

これは、情報を図にして整理することの威力をお伝えしたくて考えた問題です。

実際、この生徒に情報をあてはめる「型」を伝えたら、思惑どおりスッと解いてみせてくれました。

裏を返せば、あらゆる文章題をこの展開にもっていけばいいということ。

具体的には、情報を図にして整理をしていくために、問題パターンごとの「型」を身につけていけばいいのです。

問題のパターンは何種類かありますが、図にする基本の「型」はこれです。

文章題の情報は「マトリックス図」で表す——。

格好よく書きましたが、マトリックス図とは簡単に言うと**「表」**ですね。

先ほどと同じように、シンプルな図に情報を整理していきます。

文章題でよく出題される**「速さ」**に関する問題や**「割合」**に関する問題は、このマトリックス図で整理するといいでしょう。

まずは横線と縦線を3本ずつ引いて、情報を整理するための図を用意します。

ここに問題文のパターンに合わせて、項目を書き加えていきます。

次のページに掲載したのは、速さの問題の代表的な1パターンと割合の問題の代表的な3パターンを合わせた4パターンです。

これが基本の型です。

ぜひ、書き込んだ項目とともに、このまま覚えてください。

速さの問題で「線分図」を書いてみたり、食塩水の問題で「ビーカー」を書いてみたりなど、図解のパターンにはいろいろありますが、だれもが迷わずシンプルに情報を整理できるのが、このマトリックス図です。

速さや割合の問題を解くときには、問題文を読む前からこの図を書き始めるといいでしょう。

マトリックス図の「基本の型」

速さの問題用マトリックス図

距離			
速さ			
時間			

一番下のマスを
「時間」にすると整理
しやすい！

割合（食塩水）の問題用マトリックス図

濃度（%）			
食塩水（g）			
塩（g）			

一番下のマスを
「塩」にすると整理
しやすい！

割合（価格）の問題用マトリックス図

定価（円）			
割引（円）			

上から「定価→割引後」
と時間の経過順で書く！
（マスは余ります）

割合（生徒数）の問題用マトリックス図

去年（人）			
今年（人）			

上から「去年→今年」
と時間の経過順で書く！
（マスは余ります）

実際、**「この図が書けたならば、もう半分解けたも同然」**と言っても過言ではありません。

問題文に書いてある情報を図に書き込んでいくだけで内容が簡単に整理され、理解のしやすさが断然上がります。

「文章題は情報を『図』で表すといいのか。でも、まだなんとなく納得できない」

ここで、まだこうした疑問をもっている人のために、実際の問題を通してその効果を実感してもらうことにしましょう。

次ページに、問題を4つ掲載しました。

まずは、それぞれマトリックス図を書いて、問題文に書いてある情報を図のマスに埋めていきます。

求めるものをxとyにして、単位をつけて書き込むところから始めてください（生徒数の問題だけ例外で「去年」をxとyにします）。

問題文に書いてある情報と文字で表したマスが埋まったならば、ここから計算をして、空いているマスをさらに埋めていきます。

実際に問題を解いてみよう

速さの問題例

A地点から50kmはなれたB地点へ行くのに、はじめは自転車で時速20kmで進み、途中から時速10kmで走ったら、全体で3時間かかりました。自転車で進んだ道のりと走った道のりをそれぞれ求めなさい。

割合(食塩水)の問題例

5%の食塩水と8%の食塩水を混ぜて、6%の食塩水を600gつくりたい。2種類の食塩水をそれぞれ何gずつ混ぜればよいか求めなさい。

割合(価格)の問題例

ある店でTシャツとベルトを買いました。定価の合計は3100円でしたが、Tシャツは値札の20%引き、ベルトは定価の30%引きだったので、代金の合計は2300円になりました。Tシャツとベルトの定価をそれぞれ求めなさい。

割合(生徒数)の問題例

ある中学校の去年の生徒数は男女合わせて360名だった。今年は男子が10%増加し、女子が5%減少したので、全体で12名増えた。今年の男子と女子の人数をそれぞれ求めなさい。

こうして、全ての情報を埋めたものが次ページの図です。

赤字で書いてあるところは、その図をもとに計算して書き加えたものです。

これでマトリックス図が完成です。

マトリックス図が埋まったならば、この図をもとに立式をしていきます。

とはいえ、式は図を見れば一目瞭然。

スムーズに立式できるでしょう。


以上が基本の「型」です。

もちろん、速さと割合以外の問題の全てがこの図でクリアできるわけではありません。

しかし、速さと割合の問題は、中間・期末テストでも高校入試でも最も出題されやすいところですから、まずはこの基本の型を身につけてください。

そして、これを基本としながら、あらゆる文章題を図に表すことを試みましょう。

情報を図に整理して書き出すことが習慣になってきたならば、文章題を解く力はグッと上がっていくことでしょう。

マトリックス図を全ての情報データ埋めたら完成！

速さの問題例の立式まで

	自転車	走り	合計
距離	x km	y km	50km
速さ	20km/時	10km/時	
時間	$\frac{x}{20}$ 時間	$\frac{y}{10}$ 時間	3時間

$$\begin{cases} x+y=50 \\ \frac{x}{20}+\frac{y}{10}=3 \end{cases}$$

割合（食塩水）の問題例の立式まで

			合計
濃度（%）	5%	8%	6%
食塩水（g）	x g	y g	600g
塩（g）	$\frac{5}{100}x$ g	$\frac{8}{100}y$ g	$\frac{6}{100}\times 600$ g

$$\begin{cases} x+y=600 \\ \frac{5}{100}x+\frac{8}{100}y=\frac{6}{100}\times 600 \end{cases}$$

割合（価格）の問題例の立式まで

	Tシャツ	ベルト	合計
定価（円）	x 円	y 円	3,100円
割引（円）	$\frac{80}{100}x$ 円	$\frac{70}{100}y$ 円	2,300円

$$\begin{cases} x+y=3100 \\ \frac{80}{100}x+\frac{70}{100}y=2300 \end{cases}$$

割合（生徒数）の問題例の立式まで

	男子	女子	合計
去年（人）	x 人	y 人	360人
今年（人）	$\frac{110}{100}x$ 人	$\frac{95}{100}y$ 人	372人

$$\begin{cases} x+y=360 \\ \frac{110}{100}x+\frac{95}{100}y=372 \end{cases}$$

5

国語①

漢字は英単語と同じ覚え方で満点を目指せ！

私は入塾時の面談では、直近の中間・期末テストの答案用紙をもってきてもらうようにしています。答案用紙を見れば、勉強の取り組み具合が見えてくるからです。

国語の答案の見どころは、**「漢字」**の出題の部分です。

そして、**「漢字がどれくらい正解になっているのか？」**に注目します。

「あー、君、テスト前に国語自体をほぼ勉強していないでしょ？『国語は日本人だから勉強しなくてもそこそことれるし、まあいいか』とか思ってるでしょ？」

「見て、ほら。漢字が全然とれていないでしょ？　20問中10問しか正解していない」

「読解の問題はある程度とれなくてもしかたない部分は正直あると思う。生きてきて今日までに身につけた国語力が出るところだから」

「でもね、漢字は別。この漢字の20問は国語力が弱い子でも、しっかり練習をするだけで必ずとることができる部分なんだよね」

「ここの漢字のでき具合で、君の勉強への気持ちの強さがわかるんだ。読解問題の心配をする前に漢字だね。……で、漢字はどうやって覚えているの？」

面談時に、このような形でその生徒の漢字の覚え方を確認することが多々あります。

漢字は、「小学生のときから覚えてきているから大丈夫」というものではありません。 覚え方を間違えたまま、あるいは効率の悪い覚え方のまま中学に進学してきているケースもあるので注意が必要です。

基本的に、漢字の覚え方は英単語の覚え方と流れは一緒です。

英単語の暗記のコツは **「読めないものは覚えられない」** ですから、これに沿って漢字においても絶対的な手順は **「読めるように→書けるように」** です。

スタートは、ひととおり **「読み」** の確認から。

意味のわからない言葉が英単語のときよりも少ないはずなので、たいした時間をかけずにできるはずです。もしも意味がわからない言葉が出てきたら、辞書やインターネットで調べてサッと確認をしましょう。

全て読めるようになったら、ようやく **「書き」** の練習を始めます。

これも英単語のときと同様に、ぶつぶつとつぶやいて読みながら、 **「練習回数は3回」**

で、覚えきる覚悟で進めましょう。

「流布、流布、流布っと」

3回書いたら、文字を全て手で隠してラストの4回目に**「プチテスト」**を実施。

書けたら次の漢字へ、書けなかったら再度同じ練習をして再プチテストをします。

ひととおりプチテストを終えて「読めて書ける」状態になったなら、最終確認で全てを一気に**「書きテスト」**です。

ミスをした漢字には印をつけて再度覚え直し。覚え方は先ほどと一緒。ひととおりミスなく書けるようなったら終了です。

以上が、漢字の覚え方の基本です。

次ページに図を掲載しましたが、英単語と覚え方が一緒なので、図の構造も一緒です。

この基本の型をもとにして、自分の頭で考えて練習回数などを調節してください。

漢字は、国語力の高低にかかわらず満点をとれる部分です。

国語の点数を上げたければ、まずは漢字でキッチリ満点をとれるようにしてください。

効率よく漢字を覚える方法

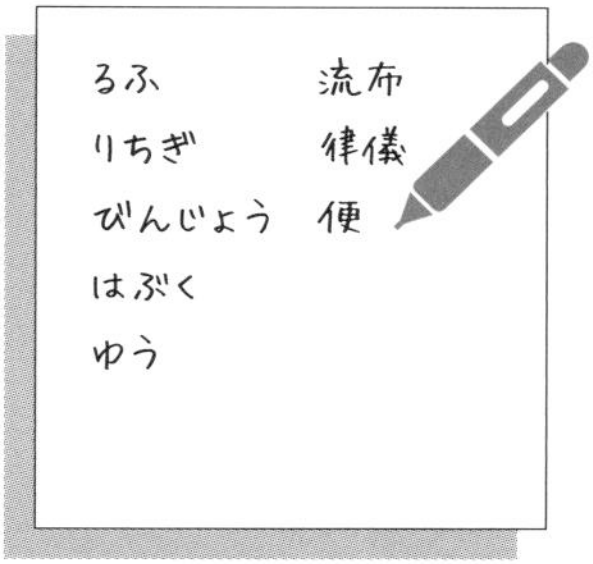

ひととおり書けたら、
最後に「書きテスト」を行う。

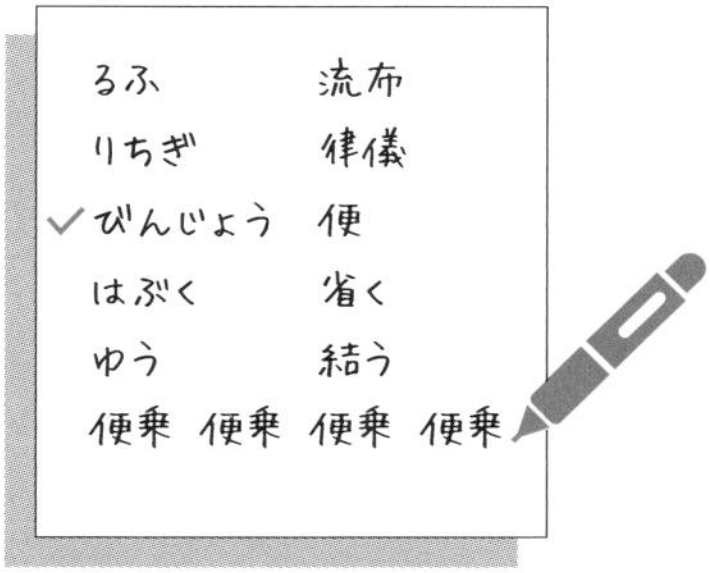

間違えたらチェックを必ずつける。
テスト後にチェックのついた漢字
を同じ方法で再度練習。

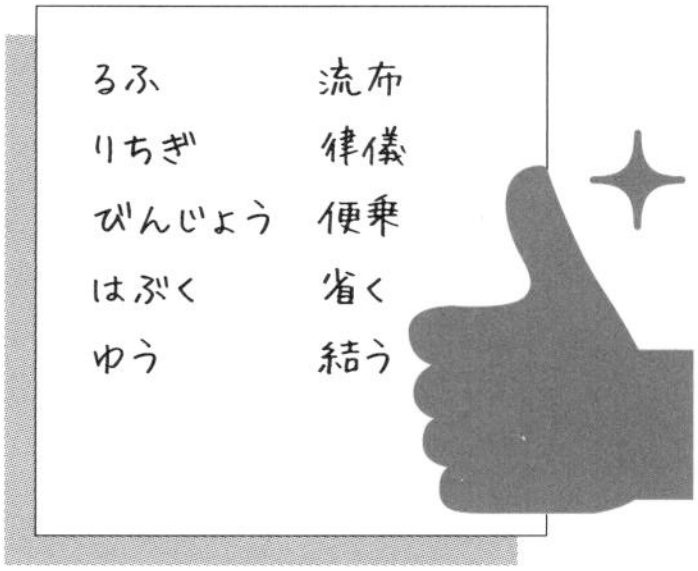

全部書けるようになるまで
練習とテストを繰り返す。
全部書けたら完了。

6

国語②

中間・期末テストの読解問題は3冊の教材で対策を！

前の項目では、ある程度の努力をすればだれもが満点をとることができる漢字の勉強法をお伝えしたので、この項目では国語のテストのメインである「読解問題」の勉強法について見ていくことにします。

最初に言っておきますが、読解問題を瞬時に攻略できるようになる指導や教材はこの世に存在しません。

何しろ、生まれてきてからの年月で育んできた国語の力が試されるのが読解問題ですからね。

決して1日や2日で攻略できるようになるなどということはないのです。

だからと言って、私は「読解問題はあきらめよう」とお伝えしたいわけでもありません。

この**「読解力はじっくりと身につけていくもの」**という事実を受け止めたうえで、

「粘り強く対策を行っていこう！」とお伝えしたいのです。

さあ、覚悟はいいですか？

それでは、腰を据えてじっくりと取り組んでいきましょう。

中学生が取り組む読解問題は、大きく2つに分かれます。

「中間・期末テストの読解問題」と、「模試や高校入試の読解問題」です。

この違いは、取り組む文章が「読んだことがある文章」か「読んだことがない文章」かの違いですね。

中間・期末テストの読解問題は、すでにその文章の内容についての理解を深める授業を受けたうえであらためて出題されるものです。

本来の国語の力を試すという面が薄れていて、初めて読む文章について読み解く力とはまた少し違う部分があるのが特徴です。

この特徴を踏まえ、最初に**「中間・期末テストの読解問題の勉強法」**を確認していきましょう。

まずは、「教科書の音読」からスタートです。

出題される文章が最初からわかっている幸運に感謝をして、全文通して「音読」をしてみましょう。

スラスラと読めなかったら、読めなかった個所を確認します。

そこに、意味の理解が浅い語句がありませんか？

書いてある内容がしっかりと理解できていればスラスラと読めるはずです。

つまった個所を参考にして、「意味がわからない語句調べ」をしていきましょう。

次は、「学校のノートの確認」です。

これからテストを作成する先生が、その文章の要点をまとめてくれたものが授業の板書で、それを書いたものが学校のノートです。

テストを作成する先生自身がまとめてくれたノートで学べる幸運にも感謝をして、しっかり確認をしましょう。

さて、ここまでお話ししたことをまとめると、「教科書の音読」「意味がわからない語句調べ」「学校のノートの確認」が中間・期末テストにおける読解問題対策の基本です。

ここまでしっかりやれば、これだけで80点以上とってくる生徒はたくさんいます。

とはいえ、国語の苦手な生徒はそんなにうまくいくことばかりではなく、もう少し取り組みに工夫をしていくことが必要です。

そこで、ダメ押しとして、読解力の弱さを演習量でカバーする作戦をお伝えします。

それは、「3冊の教科書準拠教材に取り組み、出題される文章への理解を深める」というものです。

もともと手元には**「学校配布教材」**が1冊あると思いますが、読解問題の苦手な子にとっては、これだけでは演習量が足りません。

出題される文章に対するいろいろなパターンの問題に触れておく必要があるのです。

そのためにも、「教科書準拠の市販教材」を2冊購入して合計3冊揃えましょう。

たとえば、多くの教科書で採用されている『走れメロス』というお話。

『走れメロス』で著者が伝えたい考えや大事な心情描写、よく問題として取り上げられて聞かれることなどは、それほど多くないはずです。

だから、3冊の教材に取り組むことを通して、**「『走れメロス』はこんな部分が大事で、こんなことを確認する問題が多いんだな」**と文章への理解をより深めていくのです。

さらには、3冊の教材で共通して聞かれる問題があった場合、その問題は最重要問題であるということも肌で感じることができるでしょう。

他教科であれば2回、3回と1冊の学校配布教材にじっくりと繰り返して取り組むところを、国語の読解問題対策の場合は2冊目、3冊目の教科書準拠教材の演習へと入っていく——。

ここが国語だけの取り組み方ですね。

もちろん、正攻法ではないのは百も承知。

これについては、国語が苦手な子であっても中間・期末テストにおいて点数アップに向けて取り組める具体的な方法としてお伝えしています。

なお、購入する教科書準拠教材ですが、市販教材としては**『教科書トレーニング』**シリーズ（新興出版社）が解説が詳しいのでおすすめです。

もう1つのおすすめは、**『中学教科書ワーク』**シリーズ（文理）。

この2つは教科書に準拠した市販教材のライバルで、よく似たつくりになっています。

さらには、もしあなたが塾に通っているのならば、塾長に**「中間・期末テスト前の演習用に国語の塾用教材を2冊買わせてほしい」**とお願いをするといいでしょう（もちろん、その塾にそうした教材が揃っていることが前提になります）。

塾用教材は、市販教材に比べて圧倒的に内容も演習量も充実していることが多いのでおすすめです。

以上、ここまでのところでご紹介した読解問題対策の勉強法はいかがでしたでしょうか？

やるからには、私としてはテスト当日までに**「ももたろう状態」**を目指してほしいと思っています。

「ももたろう状態」とは**『ももたろう』のお話レベルで、文章の詳細は全て理解して覚えています！**という状態のことです。

実際、『ももたろう』の読解問題であれば、満点をとる自信しかありませんよね？

ぜひ、「ももたろう状態」まで仕上げてテスト当日を迎えてください！

7

国語③

入試の読解問題は「語彙力」と「読解力」の対策が必須！

中間・期末テストの読解問題の対策をお伝えしたので、今度は **「入試の読解問題」** の対策を見ていくことにしましょう。

ご紹介するのは地道な取り組みで即効性はありませんが、そうすることでしか本来の国語の力はついてきません。

ここでは、そのための勉強法をご紹介していきます。

英語の勉強法をお伝えした際に、私の塾の中3生たちの英語の偏差値ベスト4は英単語テストのベスト4とピッタリ揃ったというエピソードをご紹介しました。

その後、「これは国語の語彙に関しても同じことが言えるのではないか？」と考えて、インターネットの語彙力テストを中3の生徒たちにやってもらいました。

予想は的中。

模試で国語の偏差値ベスト3の生徒が、そのまま語彙力テストのベスト3と一致したのです。

結果ができすぎていてウソみたいですが、本当の話です。

そして、当然と言えば当然です。

その理由は、**「言葉を正しく多く知っていれば、文章の内容を正しく読み取ることができる可能性が高まる」**ということと、**「語彙力があれば必ず国語が得意になるとは限らないが、国語の得意な子のほとんど全てが語彙力がある」**ということです。

語彙は、独学でも確実に身につけられるものです。

ぜひ取り組んでいくべきだと私は思います。

ここで、語彙力を強化する取り組みを2つ、ご紹介することにしましょう。

まず、1つ目はシンプルに**「文章に触れて語句を調べる」**という取り組みです。

「国語力を上げるためには本を読め」などと何十年も言われてきていますが、文章を読む機会ということでは、何も本に限る必要はありません。

国語の問題集だったり、雑誌だったり、極端に言えばマンガであってもOK。

大切なのは、文章を読んで、わからない言葉を調べて身につけていくということです。

手元にスマホがあるならば、10秒もあればネット検索で意味を調べることができる時代です。

したがって、文章のなかにわからない言葉が含まれていれば、読むたびに語彙は増えていきます。自分の興味がある分野からでもかまわないので、ぜひ語彙を増やす機会をつくってください。

理想を言うならば、「図書館に並ぶような良質な本の文章をジャンル問わず読んでいって、語彙とともに知見も広げていってほしい！」とは思います。

この理想に「わかりました！　やってみます！」と言える活字好きな子はぜひ取り組んでほしいのですが、そんな中学生はおそらく少数派です。

まずは「語彙を増やす」というところにピントを合わせて、「文章はどんなものでもいい」というスタンスで取り組んでいきましょう。

私が過去に指導した生徒のなかに勉強、とりわけ国語を苦手としている中1生がいました。

話を聞いてみると、彼は大のサッカー好き。そこで私は、こう提案しました。

「とりあえず大人向けのサッカー雑誌を隅々まで読むようにして、わからない言葉が出てきたら調べる、ということを始めてみたら？」

するとどうでしょう。

まず、国語の成績がだんだんと伸びていきました。

そして、身についた**「書いてある内容を正しく読み取るパワー」**は他の教科にも波及して成績を伸ばしていき、その生徒は最終的に難関高に合格したのです。

「文章に触れて語彙を増やす」ということのもつ大きな威力を、まざまざと実感した出来事でした。

語彙に自信がないという人は、ぜひこの生徒と同じ展開を目指しましょう。

語彙力を強化する取り組みの2つ目は**「語彙本に取り組む」**という直接的なものです。

文章を読むなかでわからない言葉を抽出して語彙を増やしていくのではなく、知っておいてほしい語彙が直接的に集められたものを利用して学んでいくわけですね。

これはサプリメントを飲んで、身体に必要な栄養素を補う感じでしょうか。

文章を読む機会が少ない子や、読む文章に偏りがある子はぜひ取り組んでほしい方法です。

中学生向けで重要な語彙を集めた本はいろいろなものが出版されていますが、私がおすすめするのは**『中学 国語力を高める語彙1560（自由自在Pocket）』**（増進堂・受験研究社）です。

主に長期休みを利用して取り組むといいでしょう。

さて、次にご紹介するのは、いよいよ**「模試や高校入試の読解問題」**向けの市販教材です。

1冊目は、**『ふくしま式「本当の国語力」が身につく問題集［小学生版ベーシック］』**（大和出版）です。

こちらは私の塾で唯一、指導用として使用している市販教材で、国語力の根本となる部分にじっくりと取り組ませるベストセラー教材です。

小学生版となっていますが、中学生にとっても骨のある教材で、読解力をつけたいという中1、中2生に取り組ませることがあります。

読解の基礎のトレーニングとなるので、使用は中1、中2生までをおすすめします。

これについても長期休みを利用して取り組むといいでしょう。

シリーズで他に何冊も出ているので、終わり次第、別の教材に取り組むのもおすすめです（ちなみに、このふくしま式からも語彙本は出ています！　こちらもおすすめ！）。

もう1冊は**『やさしい中学国語』**（学研プラス）です。

元予備校講師の方が書かれた本で、この1冊で国語全般の勉強ができます。

予備校レベルの厳選された内容がぎっしり詰まっているのにもかかわらず、内容が難しすぎることがなく、高校入試向けに対話調でやさしく説明してくれています。

中学生にとって学びやすい教材です。

この教材は国語全般をカバーしていますが、読解対策として後半に書かれている小説と説明文の攻略部分を読んで学ぶだけでも充分にもとがとれる良書です。

中2、中3生になったら、ぜひこちらを使用して読解問題の対策に取り組んでみてください。

8

理科・社会

問題演習の前に「一問一答」で暗記度チェック！

「理科や社会は暗記教科だから、自分でやればいいだけ」

勉強が得意だった保護者の方が、子どもに対してよく口にするセリフです。

入塾時の面談でも何度か聞いたことがあります。

それに対する子どもたちの反応は、だいたい無言で渋い顔をしています。

心の声を書いてみると、「サラッと言うけど、そんな簡単にできないよ」でしょうか。

実際、暗記教科などとひと言で片づけられる理科・社会にも、やはり**「教科特有のコツ」**があります。裏を返せば、コツさえつかめば、たしかに独学でもできるようになりやすい教科だということ。

では、そのコツとは何か？

それはズバリ、「一問一答」で暗記度をチェックする――。

これに尽きます。学校配布教材を使っての問題演習に入っていく前に、必ず一問一答形式で語句の暗記ができているかどうかを確認するのです。

理科・社会は、単元ごとに新しく覚えるべき語句がたくさん出てきます。

これらの語句をしっかりと覚えたかどうかを、まずは一問一答で確認し、覚えられていなければ再度戻って覚え直す、ということですね。

いくら教科書を読んだ段階で語句を暗記したからといって、一問一答形式での問題演習を飛ばしてはいけません。

塾で指導をしていると、教科書の文章のなかで覚えた語句が一問一答形式に形を変えたとたんに「わからない」などと言う子が一定数います。

こうなる原因は、1つひとつの言葉の意味の理解度が低く、「なんとなく前後の言葉の雰囲気で覚えてしまっている」ためであると思われます。

「覚えた語句を、表面的にではなく理解をして覚えましたか？」ということをチェックできるのが一問一答です。

これは一見、地味な作業のため手を抜きそうですが、新たな語句を自分のものにしていくうえでは、とても大切なことです。

手を抜かず、しっかり取り組んでいきましょう。

では、そうした一問一答形式の問題は何を使って取り組めばいいのでしょう？

じつは、大半の教材には一問一答形式での問題が掲載されています。

たとえば学校配布教材にも、おそらく最初にある単元の要点説明の次に一問一答形式で問題が並んでいるはずです。

必殺奥義のように伝えましたが、これは理科・社会のような暗記系教科を学ぶうえでの基本的な勉強手順なのです。

ただし、教材によっては一問一答の問題数が省略されて少なくなっているものもあるので、その場合は市販教材を利用して取り組んでください。

おすすめの市販教材は一問一答形式の問題が充実している**『中学定期テストの対策ワーク［新装版］』**シリーズ（旺文社）です。

もしも協力が得られるならば、一問一答の出題を家族にお願いして、クイズのようにして暗記確認ができると素晴らしいですね。

決して効率がいいとは言えませんし、いつまでも家族の力を借りることはできませんが、中学の間であれば、勉強に疲れたときなどに手伝ってもらえると、刺激にもなっていいでしょう。

9 理科 ネット検索や動画サイトをとことん使いこなせ！

理科はわからない問題や疑問点があったとき、**「インターネット」**を利用することが一番有効な教科ではないかと思っています。

理科の教科書って、社会の教科書に比べて何かを調べようと思ったときに頼りにならないと思いませんか？

教科の特性上、学ぶ内容についての実験や観察を行っていく部分もあって、教科書には「実験してみよう」とか「観察してみよう」といったフレーズが頻繁に出てきます。

さらには、ちょっとしたコラムもはさまれたりしていて、知りたい情報を見つけにくいのに加え、社会と違って、教科書だけで解決できない問題も多く出てきます。

こんな状態なので、理科はどんどんインターネットの力を借りて、調べたい事柄を情報の海から探し出しましょう。

その際、少しだけコツがあります。

それは、きちんと中学生向けの情報を探すこと——。

たとえば、イオンの単元の「電離」という語句。そのままこの語句で検索をかけると、大人に向けた説明の検索結果が並んでしまいます。

ここでひと工夫。

検索をかけるときに、「電離」とともに「中学」という語句をあわせて検索をかけてください。

これで、中学生向けのページが検索結果に並びます。

電離の説明動画まで検索結果に並べてくれていたりして、まさに至れり尽くせり。

このひと工夫で、知りたい情報にたどり着くスピードが格段に上がります。

また、学ぶ内容とは少しそれながらも、ふと疑問に思ったような理科の事柄についても、ほぼインターネットにその答えが掲載されています。

中学理科のような狭い分野であれば、同じことをふと疑問に思うことは全国各地であり、それはたいていの場合、インターネット上ですでに解決されているのです。

私の塾でも、生徒からテストで1点にもならないような素朴な理科の疑問をぶつけられることがあります。

「先生、マヨネーズって何性ですか？　酸性ですか？」

インターネットが普及するまでは爽やかに追い返していましたが、いまは生徒と一緒に検索をして結果を見ます。

「おお、見ろ！　同じ疑問をもっている人がネット上にいるぞ！」などといった具合に。

また、YouTube のような「動画サイト」も、たとえば天体の単元などでは大助かりです。

「先生、赤道での太陽の動きって、どうなっているんですか？」

以前は、平面で紙に書いて説明してみたり、丸いものを地球に見立てて説明してみたりと大変でしたが、いまは生徒と動画を見ながら教えることができます。

天体の単元はスケールが大きすぎて手元での再現が難しく、立体的な見方が苦手な傾向のある女子生徒はとくに苦戦しがちです。

その点、紙面上の解説よりも、CG（コンピュータグラフィックス）で立体的に再現された動画のほうが、はるかにわかりやすいというもの。

遠くない未来、VR（バーチャルリアリティ）で天体を学ぶ日も来るでしょうか。

その日が来るまでは、ぜひ動画サイトを活用してほしいと思います。

10

社会

教科書に始まり教科書に終わる！

最初にお断りしておきますが、これからご紹介する社会の勉強法は高度です。マネをしたくても簡単にはマネができないかもしれません。いまからお話しする勉強までたどり着けるよう、中間・期末テストの勉強は早くスタートして、皆がこの勉強法をマネしてくれることを期待します。

まず、社会の勉強をする際の真理をお伝えします。

社会の勉強は、教科書に始まり教科書に終わる——。

先ほどの理科と違って、社会の教科書は頼りになりますからね。教科書をベースにして、まずは学校で学んできて、そこから自宅で「学校配布教材」に取り組んでいきます。

具体的には、教材を開く前に、演習個所に該当する教科書のページにサッと再度目を

通してから、問題演習をスタートします。

一問一答形式の問題に取り組むことを皮切りに、第3章でお伝えした形で問題演習を進め、見事ミスの数が5つ以下程度にまで仕上がったとします。

ここから違う2冊目の教材演習に突入。

同じ手順で、こちらの教材も仕上げていきます。

さあ、2冊目も仕上がったとしましょう。

ここからどう勉強していくか？

3冊目の問題演習に入るのも悪くないですが、社会の場合、もうそろそろ教材で聞かれるレベルくらいまではマスターしてしまったと感じていませんか？

もしもそうであるならば、ここから次に取り組むのは「教科書」です。

そう、原点である教科書に戻るということですね。

教材が2冊仕上がった段階で中間・期末テストでは90点は堅いです。

ここから残りの10点を奪い取るべく、教科書の隅から隅までを読み込んで覚えていくのです。

赤シートをかぶせて、消える緑や青の暗記ペンを手にしながら、教科書の本文の脇を飾るさまざまな資料、多くの写真の注釈を精読していきます。

そして、どんどん資料や注釈にペンを塗っていき、赤シートをかぶせて隅々まで覚えきるのです。

この取り組みをする子の教科書は、ペンでグリグリに塗りたくられて、全面ペンで染まった状態になっています。

簡単に言うと、汚い教科書です。

しかし、この汚い教科書は1点でも多く点をもぎとってやろうという気迫が感じられる、とても素敵な教科書でもあります。

実際、100点を本気で目指す子はここまでやっています。

そして、例外なく結果を出しています。

ここまでの説明を読んでワクワクしてきた人は、ぜひ挑戦してみてください。

教科書を暗記ペンでグリグリに塗りたくって、汚くなるまでやり込んでみましょう。

社会の教科書は暗記ペンで塗りたくろう

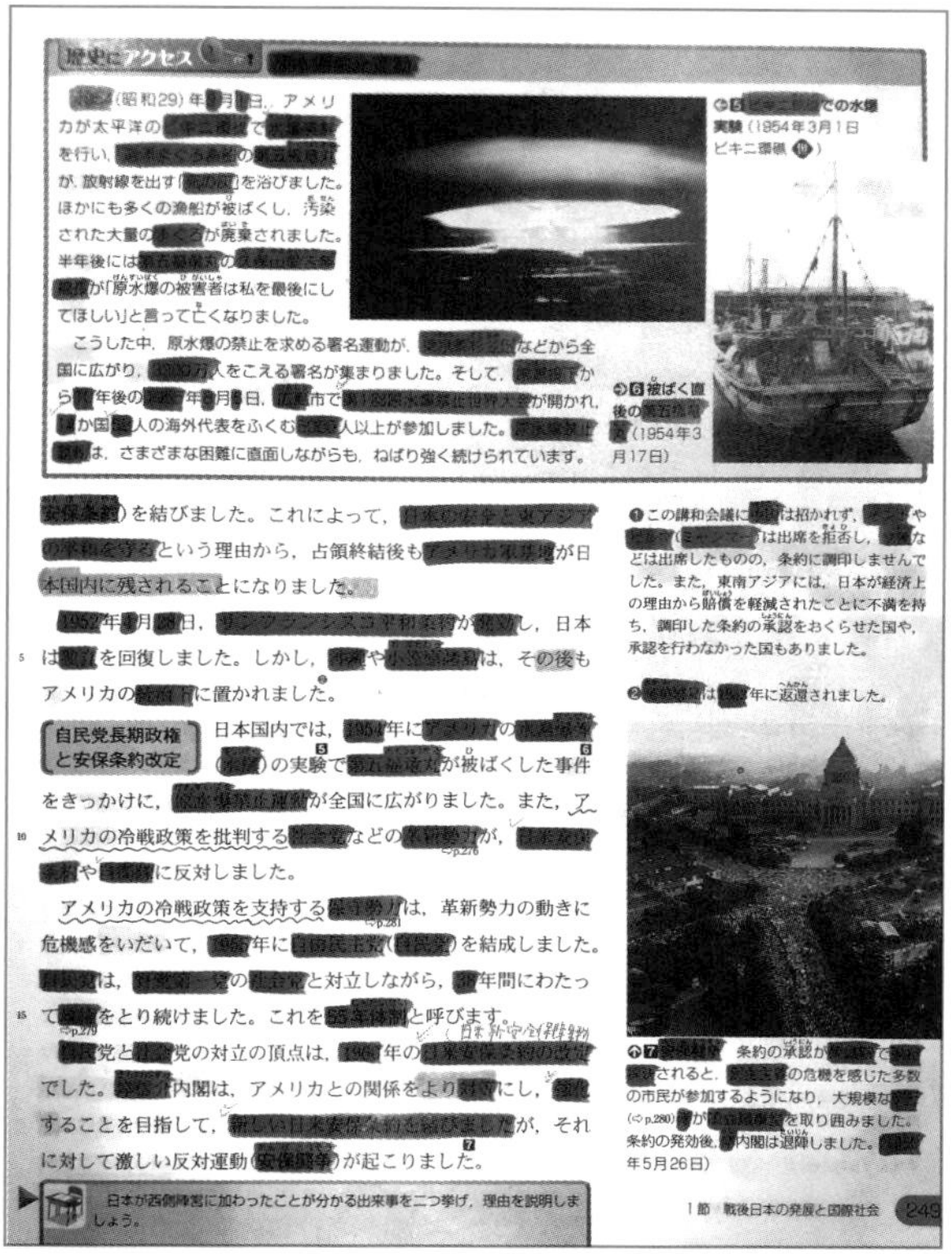

歴史にアクセス [redacted]

[redacted](昭和29)年[redacted]月[redacted]日，アメリカが太平洋の[redacted]で[redacted]を行い，[redacted]の[redacted]が，放射線を出す「[redacted]」を浴びました。ほかにも多くの漁船が被《ひ》ばくし，汚染《おせん》された大量の[redacted]が廃棄《はいき》されました。半年後には[redacted]の[redacted]が「原水爆《げんすいばく》の被害者《ひがいしゃ》は私を最後にしてほしい」と言って亡《な》くなりました。

こうした中，原水爆の禁止を求める署名運動が，[redacted]などから全国に広がり，[redacted]万人をこえる署名が集まりました。そして，[redacted]から[redacted]年後の[redacted]年[redacted]月[redacted]日，[redacted]市で[redacted]が開かれ，[redacted]か国[redacted]人の海外代表をふくむ[redacted]人以上が参加しました。[redacted]は，さまざまな困難に直面しながらも，ねばり強く続けられています。

⑤[redacted]での水爆実験（1954年3月1日 ビキニ環礁）

⑥被《ひ》ばく直後の[redacted]（1954年3月17日）

[redacted])を結びました。これによって，[redacted]という理由から，占領終結後も[redacted]が日本国内に残されることになりました。

[redacted]年[redacted]月[redacted]日，[redacted]が[redacted]し，日本は[redacted]を回復しました。しかし，[redacted]や[redacted]は，その後もアメリカの[redacted]に置かれました。②

自民党長期政権と安保条約改定

日本国内では，[redacted]年に[redacted]の[redacted]([redacted])の実験で[redacted]が被ばくした事件⑤⑥をきっかけに，[redacted]が全国に広がりました。また，アメリカの冷戦政策を批判する[redacted]などの[redacted]が，[redacted]や[redacted]に反対しました。

アメリカの冷戦政策を支持する[redacted]は，革新勢力の動きに危機感をいだいて，[redacted]年に[redacted]([redacted])を結成しました。[redacted]は，[redacted]の[redacted]と対立しながら，[redacted]年間にわたって[redacted]をとり続けました。これを[redacted]と呼びます。

[redacted]党と[redacted]党の対立の頂点は，[redacted]年の[redacted]でした。[redacted]内閣は，アメリカとの関係をより[redacted]にし，[redacted]することを目指して，[redacted]が，それに対して激しい反対運動([redacted])が起こりました。⑦

▶ 日本が西側陣営に加わったことが分かる出来事を二つ挙げ，理由を説明しましょう。

①この講和会議に[redacted]は招かれず，[redacted]や[redacted]([redacted])は出席を拒否《きょひ》し，[redacted]などは出席したものの，条約に調印しませんでした。また，東南アジアには，日本が経済上の理由から賠償《ばいしょう》を軽減されたことに不満を持ち，調印した条約の承認《しょうにん》をおくらせた国や，承認を行わなかった国もありました。

②[redacted]は[redacted]年に返還《へんかん》されました。

⑦[redacted] 条約の承認《しょうにん》が[redacted]で[redacted]されると，[redacted]の危機を感じた多数の市民が参加するようになり，大規模な[redacted](⇨p.280)[redacted]が[redacted]を取り囲みました。条約の発効後，[redacted]内閣は退陣しました。[redacted]年5月26日)

1節 戦後日本の発展と国際社会 249

教科書の「汚さ」に比例して点数がアップ！

11

副教科

暗記ペンを使いまくれ！

中間・期末テストなどの定期テストで、いつも添え物のように扱われがちな**「副教科」**ですが、高校入試ではしっかりと**「内申点」**が点数として加算されます。

たとえば、入試において副教科を日本一レベルの重要度で扱う鹿児島県では、副教科の内申点は主要5教科のそれぞれ10倍となっています（2020年現在）。

副教科は高校入試で筆記試験がないので、主要教科と扱いを合わせるために、これだけの倍率で点数を上げているのです。

鹿児島ほどパンチの効いた倍率にしているところはそうそうありませんが、副教科は多くの県で入試時に何倍かされて扱われています。

その意味でも、しっかりと点数がとれるように対策をしていきましょう。

さて、副教科の大切さは伝わったと思いますが、第3章でも触れたように、いざ勉強をしようと思ったとき、**「主要教科と違って、副教科には学校配布教材がない」**というのが最大の問題点です。

教科によっては配布されることもありますが、副教科全てで配布されることは、私の指導経験上ではありません。

では、どのように勉強をしていくのか？

「暗記ペンを塗りまくり、教科書自体を教材にする」という手段をおすすめします。

おすすめする理由は、ムダがほぼないところですね。

技術などでは単元によって計算をしたりと数学的要素が少しだけありますが、基本的にはどの教科も圧倒的に暗記系教科です。

重要な語句を覚えて書けるようになればいいので、暗記ペンが活躍するわけです。

たとえば、保健体育のサッカーのページ。

覚える語句が1ページで10個ほどあったとします。

暗記ペンを握りしめて10カ所を塗っていきます。

それが終わったら、暗記ペンから赤シートにもち替えて、シートで隠して言えるように練習開始です。

5分～10分で10カ所が言えるようになったとしましょう。

最後の仕上げとして、書いて確認をしていきます。

その際には、漢字が書けないなどということがないようにしましょう。

覚え始めから完了まで、多く見積もって15分。

これが、ムダのない勉強です。

一方、ムダな勉強がどんなものかと言うと……。

「ちょっと待って。君、このサッカーのページをノートにまとめたの？」

「これは、まとめているというか、ほぼそのまま写してるだけだね」

「あぁあぁ、サッカーコートをこんなにキレイにノートに再現しちゃって……」

「これを書くのに、おそらく30分くらいかけたでしょ？　それなのに、まだ何も覚えてないでしょ？」

こんな勉強です。

実際、私はこのような会話を入塾して間もない生徒たちと毎回のようにしています。

ここから覚える作業を始めて覚え終わるまで15分かかれば、それだけで暗記ペンの方法の3倍もの時間がたってしまっています。

本当にムダですよね。

でも、このパターンはまだいいほうで、本当にひどいとキレイなノートが完成した時点で勉強を終了してしまう生徒さえいます。

残念ながら、これでは頭に何も残っていません。

学校配布教材がない副教科は、思わずこうした展開になりがちですが、ノートへのまとめ勉強はムダが多いのでやめておきましょう。

ぜひ、暗記ペンを教科書に塗りまくり、最短時間で暗記を進めるようにしてください。

ちなみに、第3章でもお伝えしたように、副教科の教材は市販されてもいます。

なかなか副教科に大きな時間が割けなくて、覚えるだけで精いっぱいの子が多いので、こういう教材が活躍する場面をあまり見ませんが、問題形式でも勉強したいという人は試してみるといいでしょう。

なお、副教科の教科ごとにひと言ずつ勉強法をアドバイスできたらいいなとも思ったのですが、いずれも暗記系教科なので、教科ごとの特徴はほぼありません。

それよりも、**「副教科は担当の先生ごとでテストの特徴が違う」**ということを知っておいてください。

「授業プリントからしか出さない先生」「教科書からしか出さない先生」など、先生によって出題の傾向が大きく異なります。

実際に、過去には「授業で使った懐中電灯キットの説明書からしか出題しない技術の先生」がいたなど、出題のクセがすごいのです。

理由はおそらく、副教科は高校入試で必要になる知識ではないからでしょう。

担当の先生の想いがテストで自由に表現されているのです。

この事実を受け止め、副教科の各教科の先生の出題傾向をしっかりと確認し、それに合わせた勉強をしていきましょう。


さて、以上でこの章の説明は終わりです。

次の第5章では、**「勉強を部活や塾と両立させるための方法」**について見ていきます。

学力アップを実現させるためには、このことも大変重要です。

ぜひ、自分の状況と照らし合わせながら読み進めていってほしいと思います。

第5章

＼ここが勝負の分かれ目！／

「部活」や「塾」との両立をどう図るか？

1 部活を頑張れる子は勉強もできる！

ここまでのところでは主に勉強のやり方について見てきたわけですが、なかには次のように思っている人もいるかもしれませんね。

「部活がキツいから、ここに書いてあることなんて実行できないよ」

「塾に行く日が多いからムリかな」

でも、大丈夫です。

「部活」と**「塾」**は中学生が学校の勉強以外で大きな時間を割くトップ2ですから、そうした気持ちになるのもよくわかります。

ここまでに書いてきた勉強の方法は、私の塾の生徒たちが実際に取り組んでいるものばかりです。

そして、どの生徒たちも、部活や塾と両立させて成績を上げていっています。

逆に言えば、部活や塾との両立には、コツがあるということ。

うまく両立をしていけるよう、ここでコツを学んでいきましょう。

部活動について、学習指導要領にはこのように書かれています。

「スポーツや文化、科学等に親しませ、学習意欲の向上や責任感、連帯感の涵養（かんよう）等、学校教育が目指す資質・能力の育成に資するもの」

表現が硬いですが、要するに「部活は勉強のやる気アップや人間関係などを学べるから、学校教育に沿っていていいね！」ということです。

では、実際に部活に取り組んでいる中学生は全国的にどれくらいいるのでしょう？

文部科学省による2017年の全国学力テストのデータによると、**「中学生の部活動参加率の全国平均は87・6％」**とのこと。

地域差はあるものの、日本全国で大半の中学生が部活に取り組んでいます。

そしてこの状況は、昔から大きく変わってはいないようです。

これは私の指導経験から自信をもって言えるのですが、基本的に部活を頑張れる生徒は勉強もできます。

考えてみれば、当たり前です。

何しろ、それを目指して学校は取り組んでいるのですからね。

学校指導要領の狙いどおりに「学習意欲の向上や責任感、連帯感を育む」ことができている子たちは、勉強もしっかりとできるということです。

もちろん、部活をプラスに活用できている子ばかりではなく、なかには部活が勉強の邪魔になってしまっている子もいます。

たとえば、「プロ選手か?」などと言いたくなるような過度な練習を行う部活に所属してしまったことによって、本分である勉強自体がおろそかになってしまうようなケースですね。

これは毎日の練習がとてもキツい部活の生徒の例ですが、まず家に帰ってきたら部活の疲れのために、すぐに寝入ってしまいます。

2、3時間寝てから起きて1人で食事をとり、家族が寝静まる頃から学校の宿題を始め、その後にお風呂に入って……とやっていると、寝るのは日々、深夜の2時3時。

こんな子は、生活のリズムが崩壊しているので、私の塾での自習時にウトウトしてしまいます。

もちろん、これと同様のことが学校の授業中でも起こっているのは想像に難《かた》くありません。

部活が引き金となって、全てがグダグダになってしまった例ですね。

これは生徒本人のせいというよりも、その部活のあり方が原因になっていると考えるのが自然です。

生徒のためにも先生のためにも、活動が過度にならぬようにと部活の取り組みへの改善はどの学校でも進んでいますが、昔から伝統的にやりすぎてしまっている部活もまだ存在します。

しかも、そんな部活にかかわっている顧問や生徒とその保護者が、「それがいい」などとなってしまっていることもあるため、この問題の解決は一筋縄ではいきません。

学校教育にいいからということで取り組むはずの部活が、勉強の邪魔をしてしまっているのであれば本末転倒です。

「部活を頑張っているから勉強も調子がいいです」

本来、全ての生徒がこの状況でなければいけません。

勉強を頑張るためにも、まずは**「部活との正しいかかわり方」**を確認していきましょう。

2 勉強と部活を両立させている子の共通項

勉強と部活を両立させることに苦戦しているとき、高校生のように「うまく両立ができないから部活をやめる」などという解決策をパッと選べないのが中学生です。

「原則自由参加」という名目の部活ですが、日本特有の「部活は3年間やり遂げるもの」という空気感が強く、簡単に部活をやめるわけにはいかない状況の子も多いことでしょう。

そんななか、私は生徒たちの様子を20年以上にわたって見てきて、勉強と部活を両立させている子には、皆に共通する部分があることを感じています。

それは、大きく2つです。

①規則正しい生活を送っているため、睡魔が襲ってこない

部活を終えて疲れた身体で塾に来ても、成績のいい子たちは決して眠そうな顔を見せ

ません。

休み時間であっても、机に伏して寝るといったことが、ほとんどないのです。

「成績のいい子が塾でウトウトしないのはなぜだろう？　休み時間に仮眠をとることもないのはなぜだろう？」

こんなふうに疑問に思った私は、生徒たちにその理由を聞いて回ったことがあります。

そして、そのときに知ったのです。

勉強が得意な子たちは、どの子も生活リズムが整っていて、もれなく「早寝」だということを。

たくさん栄養をとって勉強と部活をし、睡眠もしっかりとっている――。

このようにしているからこそ、ベッドに入るそのときまで睡魔が寄りつかず、結果として勉強も部活もムリなく両立できているのです。

それに対して、学校や塾で居眠りをしたり休み時間に机に伏して寝たりする子は、日常的に睡眠時間が足りていません。

自分の意志に反して寝てしまうというのは、身体が睡眠を欲しているというサインですからね。

おそらく夜更かしをしたり、学校から帰ってすぐに寝入ってしまったりして、生活リズムを崩してしまっているのでしょう。

力があるのにもかかわらず成績にバラつきがあるという子は、たいていここに問題があります。

体調に波があるから勉強の取り組みに波が出て、成績にも波が出るのです。

というわけで、まずは「規則正しい生活」が勉強と部活を両立させている子たちの最大の共通項です。

②時間の使い方の優先順位がブレない

これは、中学生活における時間の使い方の優先順位がしっかり決まっていて、入れ替わったりしないということです。

具体的に言うと、しっかりと両立ができている子の中学生活における優先順位は、

「睡眠」↓「勉強」↓「部活」↓「遊び」

という順位になっていて、ブレることがありません。

もしもイレギュラーなことがあって何かの活動を制限しなくてはいけないとなったと

きは、ブレずに優先順位の低いものから制限をかけていきます。

一方、両立ができているとは言い難い子の中学生活の優先順位は、たとえば、

「遊び」↓「部活」↓「勉強」↓「睡眠」

で、これは最もよくないパターンですが、そこまでいかない子であっても、たとえば、

「勉強」↓「部活」↓「遊び」↓「睡眠」

というものになりがちです。

若いうちは自分の体力を過信してしまい、「少々睡眠時間が少なくなっても大丈夫」と、自分では思い込んでいます。

でも、それは大きな勘違いで、しっかりと中学生活にボロが出てしまうものなのです。

以上、勉強と部活を両立している子の２つの共通項を並べてみると、どちらも直接勉強や部活に関係しない部分であることがわかると思います。

勉強や部活を支えるふだんの生活部分――。

ここに注目をして、次の項目では勉強と部活を両立させるための作戦をお伝えしていくことにしましょう。

3 勉強と部活を両立させる方法は2つある

勉強と部活を両立させる作戦——。

これはズバリ、2つあります。

①最終就寝時刻を決める

これについては、すでに第1章で詳しくお伝えした部分ですが、部活との両立にももちろん必要ですから、あらためてお話ししたいと思います。

生活リズムを突き詰めていくと、整えたいのは睡眠時間の1点です。

睡眠時間をしっかり確保できるように「最終就寝時刻」を決めて、これを守っていくのです。

具体的には、すでにお伝えしたように**「23時まで」**でしたね。

こうして「睡眠」を最優先にすることができれば、授業中に睡魔が襲ってくることもほぼなくなるでしょうし、家に帰ってきたとたんに2、3時間寝入ってしまうなどということもなくなるでしょう。

塾に通っていなかったら毎日22時就寝も可能ですし、朝5時に起きて勉強をするという習慣があれば21時就寝でもいいでしょう。

自分の生活スタイルや学習スタイルに合わせて最終就寝時刻を決めて、**「8時間の睡眠」**を確保してください。

睡眠時間の確保は部活との両立に限らず、人生全般における最重要ポイントです！

②仮眠を短くとる

たとえ睡眠時間をたっぷりとって万全の体調であっても、部活がハードすぎれば、勉強中に睡魔がやってくる可能性もゼロではありません。

また、まだ身体ができていない入学間もない中1生たちも、部活動が体力的にキツい日々がしばらく続きます。

こんな場合は、「仮眠」という応急処置で体調を整えていきましょう。

ただし、その際に必ず守ってほしいことがあります。

それは、仮眠は15分〜30分までしかとらない――。

これが鉄則です。

諸説ありますが、どの説もだいたいこの時間のなかにおさまっています。

なぜなら、**「眠気をとること」**と**「夜寝るときに影響しないこと」**の2点を満たすには、このくらいの時間にする必要があるからです。

長すぎれば夜眠れなくなり、短すぎれば眠気がとれません。

これらを踏まえたベストの睡眠時間が15分〜30分なのです。

私自身も、仮眠をとるときはこの時間で設定しています。

15分あれば身体がスッキリと軽くなりますし、眠気が強いときでも30分でスッキリとします。

眠気に負けてズルズル1時間ほど眠ってしまうことが過去にありましたが、そんな日は夜に眠れなくなってしまいます。

聞いたところによると、30分以上眠ってしまうと、身体にとっては本格的な睡眠になってしまって、夜の睡眠に影響してしまうそうです。

なかには、「大丈夫です。どれだけ仮眠をしても夜も眠れます！」という子もいますが、それはそれで今度は勉強時間がなくなってしまって、仮眠する意味がありません。

こうしたことからも、仮眠は15分〜30分がベストなのです。

もしも強い睡魔が襲ってきたら、**「目覚ましアラーム」**を設定して仮眠をとるようにしましょう。

それでも起きる自信がない場合は、家族に起こしてもらうのでもいいでしょう。

また、たとえば学校や塾で強い睡魔が襲ってきたときは、5分、10分の短い休み時間であっても、目を閉じて机に伏せて休んでください。

これは、「5分、目を閉じるだけでも脳は休まる」という事実があるためです。

実際、短い時間でうまく寝入ることができなくても、目を閉じて目から入ってくる情報を止めるだけで、脳はちゃんと休まることが科学的に証明されています。

「休憩時間が短くて実際に眠れないなら、目を閉じて机に伏せていても意味がないのでは？」と私は長年思っていましたが、どうやら私が間違っていたようです。

ぜひ、疲れを感じたときは、たとえ5分であっても目を閉じて机に伏せるようにしてください。

そうすることで、正しい生活リズムをつくっていってほしいと思います。

4 自分に合った塾はこう選ぼう

中学生活のなかで大きな時間を占めるものは、学校の授業以外では「部活」と並んで**「塾」**があげられるでしょう。

２０１８年（平成30年）に文部科学省が実施した「子供の学習費調査」では公立中学生の通塾率は68・９％にものぼります。

中学生の約7割の生活習慣のなかに塾が組み込まれているのです。

部活と違ってやめることは簡単ですが、できれば学校生活と両立できる塾を選び、上手に利用して成績アップを目指していけるといいですよね。

そこで、この項目からは自分の特性に合った塾選びから、塾を最大限に活かす方法についてお伝えしていきます。

まずは、**「塾は本当に必要？」**という疑問についてです。

結論から言うと、学校の授業で理解ができて、中間・期末テストでもいい結果が出せる子には塾はいりません。

また、通信教材や映像教材など、直接人の指導を受けなくても学習を進めることができる子にも塾はいりません。

したがって、これら2つのパターンにハマらない「勉強で困っている子」や「人の指導を受けることでより成績を上げたい子」が塾に通うことを検討してみるといいでしょう。

次に、「塾の力を借りよう」となったときの**「塾の選び方」**についてお伝えします。

塾選びのコツは、大きく3つです（これからお話しする内容は、保護者の方に向けたものも含まれています）。

①自分の性格を考えて「指導形態」を選ぶ

選択肢は大きく2種類で、学校と同じスクール形式で授業を行う**「集団指導塾」**、生徒1人ひとりの理解度に合わせて少人数で進める**「個別指導塾」**の2つです。

これについては、自分の性格とか求めていることによって選ぶことをおすすめします。

集団指導塾が向くのは、**「他の子の刺激を受けながら競い合って学びたい」「5教科トータルで指導をしてほしい」**という子です。

ただし、「5教科の指導はトータルの授業時間が長め、宿題が多め、質問しづらい」という特徴があることも踏まえましょう。

個別指導塾が向くのは、**「自分のペースで学びたい」「苦手な教科だけ指導をしてほしい」**という子です。

ただし、こちらも「講師が学生であったり、複数教科を受講する場合は費用がかかる可能性がある」といった特徴があることを踏まえてください。

それぞれの特徴を把握したら、家族で会議を開いて、どの指導形態が合うかを話し合ってみましょう。

意見が割れて決めかねたら、いったん保留にしておいて、それぞれの**「体験授業」**に参加して、どちらが合っているかをあらためて考えてみることをおすすめします。

②知り合いから情報を集める

多くの塾では折り込み広告やホームページに自塾の特徴を掲載していますが、基本的にそこにはいいことしか書かれていません。

また、インターネット上に掲載されている塾の口コミには、サクラの書き込みや同業他社からの嫌がらせの書き込みなど、正しくない情報も混ざってしまっています。

飲食店探しであれば失敗しても1回のことですみますが、基本的に塾はその後、継続して通うことを考えると、失敗するわけにはいきません。

つまり、広告やインターネットの情報だけでは不充分なのです。

ぜひ、保護者の方は周りの知り合いに地域の塾の評判を聞いて回って情報を集めてください。

その際には、勉強が得意な家庭や自分の子どもと性格が似ている家庭に話を聞けるといいでしょう。

また、上の兄弟をもつ同級生の保護者であれば、2塾以上の評判を聞ける可能性もあるのでおすすめです。

ちなみに口コミで得る情報としては、**「熱心にやってくれるかどうか」**が大切な情報です。

この「塾の熱量」は広告やホームページではわかりません。

「成績が上がるかどうか」については「絶対」がありませんが、そこにかかわる塾長が「熱心に指導を行うかどうか」については「絶対」があると思います。

実際に通わせた家庭からのリアルな声を集めて、熱心にやってくれる評判の塾をいくつかピックアップしましょう。

あと加えるならば、**「同級生のだれが通っている塾なのか」**という情報も、わかる範囲で集めておきたいところです。

生徒会の役員や学級委員をするような模範的な子や勉強が得意な子が集まるような塾であれば、大きなプラスポイントです。

そういう家庭に多く選ばれているという事実が、その塾の地域での信頼度を表しているからです。

いくつか選べたら、実際に面談に行って話を聞く最終候補を2、3塾まで絞り込みましょう。

③最終的に塾長で選ぶ

塾選びのコツのなかで、ダントツの最重要項目です。

ここで最終候補の2、3塾から実際に通う塾を決定していきます。

テレビでＣＭが流れるような全国に広がる大手の塾であっても、地域で3教室ある地元人気塾であっても、通うことを検討している校舎の塾長（教室長）がダメな人ならば、そこはダメ塾です。

塾は人に依存する部分がとても大きく、塾長次第でスゴ塾にもダメ塾にもなります。

入塾を決めてしまう前に、必ず親子で「面談」に行って塾長を見極めましょう。

具体的には、

「本当に信頼して指導を受けられるのか？　成績を上げるべくベストを尽くしてくれるのか？」

といったことを見極めるのです。

塾長が教室の整理整頓や掃除の最高責任者ですから、**「校舎内外の様子」**もじっくりと見ていきましょう。

自転車は整理されて駐輪されていますか？

掲示物がはがれかかっていませんか？

教材の段ボールが出しっぱなしになっていませんか？
観葉植物が枯れたまま放置されていませんか？
塾の整理整頓具合と塾長の指導力は比例します。
観葉植物が枯れたまま放置されているというのは、気配りができていない証拠です。
植物にはできないけど生徒には気が配れるなどということはないのです。

「校舎内にいる人たちの様子」もチェックしていきましょう。
先生・生徒を問わずに休み時間は楽しそうですか？
授業中は真剣に取り組めていますか？
もしも授業中の教室が常に騒がしいという状況であれば、その塾はダメ塾です。
塾長が生徒の成績を本気で上げようと思っていない証拠です。

面談が始まれば、積極的に**「質問」**を塾長にぶつけてみましょう。
ホームページに掲載していない、**「塾長の考え方」**や**「人柄」**が出そうな質問がおすすめです。

たとえば、

「今日からさっそく家で取り組むべきことはなんでしょうか？」

「家で私たち家族が本人の勉強のためにサポートすべきことってありますか？」

「勉強のやり方がわからないと本人は言うのですが、どうでしょうか？」

といった質問をぶつけて、塾長の想いを聞いてください。


質問への模範解答はありませんが、その返答に塾長の熱意を感じることができるかどうか、雰囲気、所作、表情、話し方などをじっくりと見るのです。


塾長の見定め面談を終えたら、家に帰って**「親子で相談」**です。

「指導形態よし、知り合いの評判よし、塾長よし」と3拍子揃えば、ほぼ決まりです。

その後、最終確認の**「体験授業」**を受講して決定してください。


なお、次ページに**「塾長見定めチェックリスト」**を掲載しました。

塾での面談を終えた後に親子でつけてください。

このリストに3つ以上○がついてしまう塾は不合格です。再度選び直しを！

塾長見定めチェックリスト

信頼できる塾長かどうか、塾と塾長をチェックするリストです。３つ以上のチェックがついたら不合格。最後の質問はチェック２つ分の重要度です。しっかり見定めを！

- □ 塾の前に雑草やゴミがある
- □ 自転車が整理されていない
- □ 観葉植物が枯れている
- □ 掲示物がはがれている
- □ 教材の段ボールが出ている
- □ 生徒や先生に活気がない
- □ 授業が終始騒がしい
- □ 塾長に清潔感がない
- □ 質問への塾長の返答が抽象的
- □ 塾長の熱意が感じられない

5 塾を10倍上手に利用する方法

塾はホテルと一緒で、利用する人によって、その利用度は全然変わります。

ホテルで言うと、シンプルにただ部屋で寝るだけという人もいれば、ホテルのプールやスパを利用したり、コンシェルジュにいろいろ相談をしたりとフル活用する人もいますよね。

塾で言うと、まるで利用していない家庭というのは、保護者が最初の面談にだけ来て、その後は生徒が授業のある日にだけ来て、そのまま卒業していく家庭がそれにあたります。

たしかに「最低限のことだけを求めて入塾したからいいのです」と言われてしまえば、それまでです。

でも、せっかく塾に通うならば、学習指導・進路指導のプロである塾長を味方につけなければもったいないと私は思うのです。

実際、塾は上手に使ってもらえれば、思っている以上に勉強がスムーズに進むようになります。

では、具体的にはどうすればいいのでしょう?

お任せください。

塾を10倍上手に利用する方法を、塾長の私がこれまでの体験をベースにお伝えしますので、楽しみに読み進めていってほしいと思います。

まずは**「塾長と保護者の信頼関係」**を高めていきましょう(したがって、これからお話しするのは、主に保護者の方に取り組んでもらう内容となっています)。

そのために最初にしてほしいのが、塾長に「家庭の覚悟」をしっかり感じてもらうことです。

「真剣に成績を上げたいと思っています」という覚悟ですね。

これは、入塾時とか入塾間もないときに何かしら勉強にまつわる相談を塾長にしていくことで伝わります。

たとえば、最初の面談のときに217ページでご説明したような質問をしたり、入塾後すぐにメールで塾長に質問を送るといったことでいいと思います。

「あ、このご家庭は家族総出で成績を上げようとして真剣に取り組んでくれているんだな」

と思ってもらえれば成功です。

スタートとしては上々でしょう。

塾は成績を上げることを仕事としていますから、それに対して真剣に取り組む家庭の力になりたいと思うのが自然な流れです。

また、「レベルが高めの志望校」を伝えることも効果があります。

「いまの成績より伸ばす必要がある子」として塾長に認識してもらえますからね。

学習面で不安なことがあれば、気兼ねなく塾長に相談をしていきましょう。

面談の機会があれば必ず参加して、気になることは遠慮なく相談していってください。

いずれにしても、こうして塾長との間に信頼関係がつくれてくると、何かあるたびに気にかけてくれると思います。

ぜひ、塾長との信頼関係を築いていってください。

それができたら、今度は**「塾長と生徒の信頼関係」**を高めていきます。

これは生徒本人が取り組む内容ですね。

まずもって、塾の指導に対して真剣に取り組むことで、自分自身の信頼度を高めることが大切です。

具体的には、休んだり遅刻したりしないで、しっかり授業と宿題に取り組み、何ごとも早めに連絡をすることと、塾に対して誠意をもっていることを**「行動」**で示すことです。

また、塾が**「自習室」**を開放していれば、これも積極的に利用しましょう。

遊びの誘惑がないうえに、塾長たちに質問もできる自習室自体に大きな価値がありますし、足しげく塾に通うことで、接触回数が増えるほど印象や好感度が上がるという**「ザイオンス効果（単純接触効果）」**も期待できます。

こうした取り組みで塾長との心理的距離が縮まり、自分自身の信頼度が高まったならば、**勉強内容に限らず、あらゆる質問や相談をしていきましょう。**

「志望校選びで迷っているのですが、○○高校ってどんな校風ですか？」

「滑り止めの私立高校は、私にとってどこがいいでしょうか？」

「部活のことでちょっと困っていることがあるんですけど……」

塾長をホテルのコンシェルジュのように、気兼ねなく相談させてもらえる相手にできるといいですね。

こうして「塾長と保護者」「塾長と生徒」の信頼関係を深めていって、**「塾長と保護者と生徒の信頼のトライアングル」**が完成したならば、そのときはすでに塾を10倍以上使いこなせていると言っていいでしょう。

この信頼のトライアングルができたかどうかは、**「3者面談時」**に3人で談笑できるかどうかで判断できます。

ぜひ、面談時に3人で談笑できる関係を築いてください。

塾は勉強を頑張りたい家庭なら、いつだってウェルカムなのです。

6 塾には週に何回、通うべき？

塾を選んで入塾し、塾長と信頼関係が結べたならば、あとは安心して黙々と勉強に取り組んでいくだけです。

そこで、今度は入塾してからの**「塾と家庭学習の両立の仕方」**を見ていきましょう。

入塾時に決めることではありますが、まずは**「塾の授業回数」**について。

私は塾と家庭学習の両立のためにも、塾の授業回数は最小限がベストであると思っています。

個別指導塾であるならば週1回、集団指導塾でも選べるなかでの最小通塾回数のコースがおすすめです。

元々学校の宿題があって学校配布教材があって、これらをしっかり進めるという取り組みは、塾に行っても行かなくても必要なものです。

ここに塾の授業が加わるわけですから、塾の予定が家庭学習の予定を圧迫してムリが出てきてしまうこともあるわけです。

「いずれ勉強は1人でやるもの」ですし、そもそも中学の勉強は「学校の勉強が基本」です。

塾の授業回数は可能なかぎり絞ってください。

実際に私の塾でも、週2回の通塾で2教科指導させてもらっている家庭に、週1回に減らす提案をすることがあります。

「英語は理解が深まって点数も安定してきましたし、遠くない将来、必ず1人で勉強をする日がやってきます。その日に向けて1人で勉強する練習も兼ねて、英語の授業をなくしてみませんか？」

といった具合です。

全教科1から10まで指導してくれる塾では、本人が自分で考えて勉強に取り組めなくなる危険をはらんでいます。

「塾の言うとおり全部やっておけば大丈夫でしょ！」

などといった受け身な勉強に慣れきった生徒たちは、高校に入ってから必ず苦労をしています。

勉強の主導権は自分でもっておき、自分で考えて取り組む教科（塾の助けを借りない教科）を残しておく――。

将来、困ることがないようにするためにも、中学生のうちにこの習慣を身につけておくことをおすすめします。

さて、今度は**「塾のある日の家庭学習をどうするか」**について見ていきます。

これは実際に塾に通ってきてくれている生徒たちに聞くのがいいだろうと、「塾がある日の学校の宿題などは、どのタイミングで行っているのか？」ということを聞いて回りました。

その結果、タイミングとして一番早かったのは**「前日」**でした。

毎日の宿題をあらかじめ明記してくれている学校限定にはなりますが、「塾の日は時間がとれないために、前日に終えるようにしている」と言っていました。

たしかにこれは、ムリなくゆとりをもって宿題に取り組める最も理想的なタイミングですね。

次に早かったのは、塾当日の「学校の休み時間中」です。

まれな意見かと思えば、複数の生徒たちから聞きました。

これは部活がキツい子にも利用できそうです。

一番多かったのが、「学校から帰ってきて塾に行くまでの間」です。

帰ってきて、すぐに取り組むそうです。

やりきれなかったときは塾から帰った後に残りをやるそうです。

「前日」「学校の休み時間中」「学校から帰ってきて塾に行くまでの間」――。

確認できたのは、この3つのタイミングでした。

面白いことに、勉強が得意な生徒ほど、塾の授業開始の時間よりもずっと早いタイミングで宿題を終えていることがわかりました。

言葉にすれば当たり前ですが、「塾の日はムリがないように宿題には早めに取り組む」を実行しているわけです。

以上のことから、塾の日の分の家庭学習は、「前日」→「学校の休み時間」→「塾に行く前」の順番でおすすめです。

理想は前日ですから、できれば前日から取り組むようにしてみてください。

7 部活と塾はこう両立させよう

ここまでで、「家庭学習と部活」「家庭学習と塾」の両立についてお伝えしてきました。あとは**「部活と塾」**の両立ですね。

まず、**「中1生が塾に入るタイミング」**について見ていきましょう。

中1生は、それまでとは大きく変わる中学生活に慣れることが最優先です。塾を検討するのは、その後で充分だと個人的には思っています。

具体的には、最初の定期テストが終わってからか、夏休みからといったところですね。

塾側は「スタートダッシュだ！」などと、中学最初からの入塾をすすめてきますが、「中学生活に慣れて体力的にもゆとりが出てきた」となったときに、初めて親子で塾を検討すればいいでしょう。

さて、部活と塾の両方が動き出すと、そのお互いが中学生の予定を取り合う場面が出てきます。

とくに多いのが週末や夏休みです。

塾では、こんな場面。

「え!? 部活の練習試合でテスト対策授業を受けられないの？ んー……、なんとか抜けてこられない？ 遠くまで遠征に行くの？ んー……」

部活では、こんな場面。

「え!? テスト対策授業で練習試合に参加できないの？ んー……、なんとか抜けてこられない？ 必修の授業なの？ んー……」

両者の間にはさまれて困る場面、ゼロではありませんよね。

こんな場面が出てくるようになったら、まずは家族で「どちらを優先しようか」ということについて話し合ってください。

たとえば、「これ以上、成績を下げられない。いまはテスト対策授業を優先したい」、もしくは「サッカー部でキーパーが休んだらまずいし、そもそも試合に出たい」などといった感じですね。

そのうえで、塾長や部活の顧問と信頼関係ができているのならば、自分自身でその想いを伝えてください。

うまく想いを伝える自信がなければ、保護者にその役をお願いしましょう。

「どちらも大事にしたいのです。でも、今回はこちらを優先したいです」ということを伝えられれば、角が立たなくていいですね。

また、部活と塾の予定がぶつかりそうなことがわかっている場合は、可能なかぎり早めに部活の顧問に伝えておくと、よりいいでしょう。

もちろん、部活や塾の状況は地域によって千差万別です。

いま伝えた対応を基本としながらも、まずは**「同じ部活で同じ塾の先輩」**を探して、どのように両立させているのかを聞かせてもらうのが一番参考になります。

ぜひ、先輩を頼っていきましょう。

最後に、部活と塾と家庭学習のバランスをしっかりとっている子の平日のスケジュール例をご紹介しておきます。

このなかで一番重要なのは**「最終就寝時刻23時」**です。

しつこいですが、ここを守りきれるよう親子で努力をしてください。

部活と塾と家庭学習のバランスがとれている子の平日スケジュール例

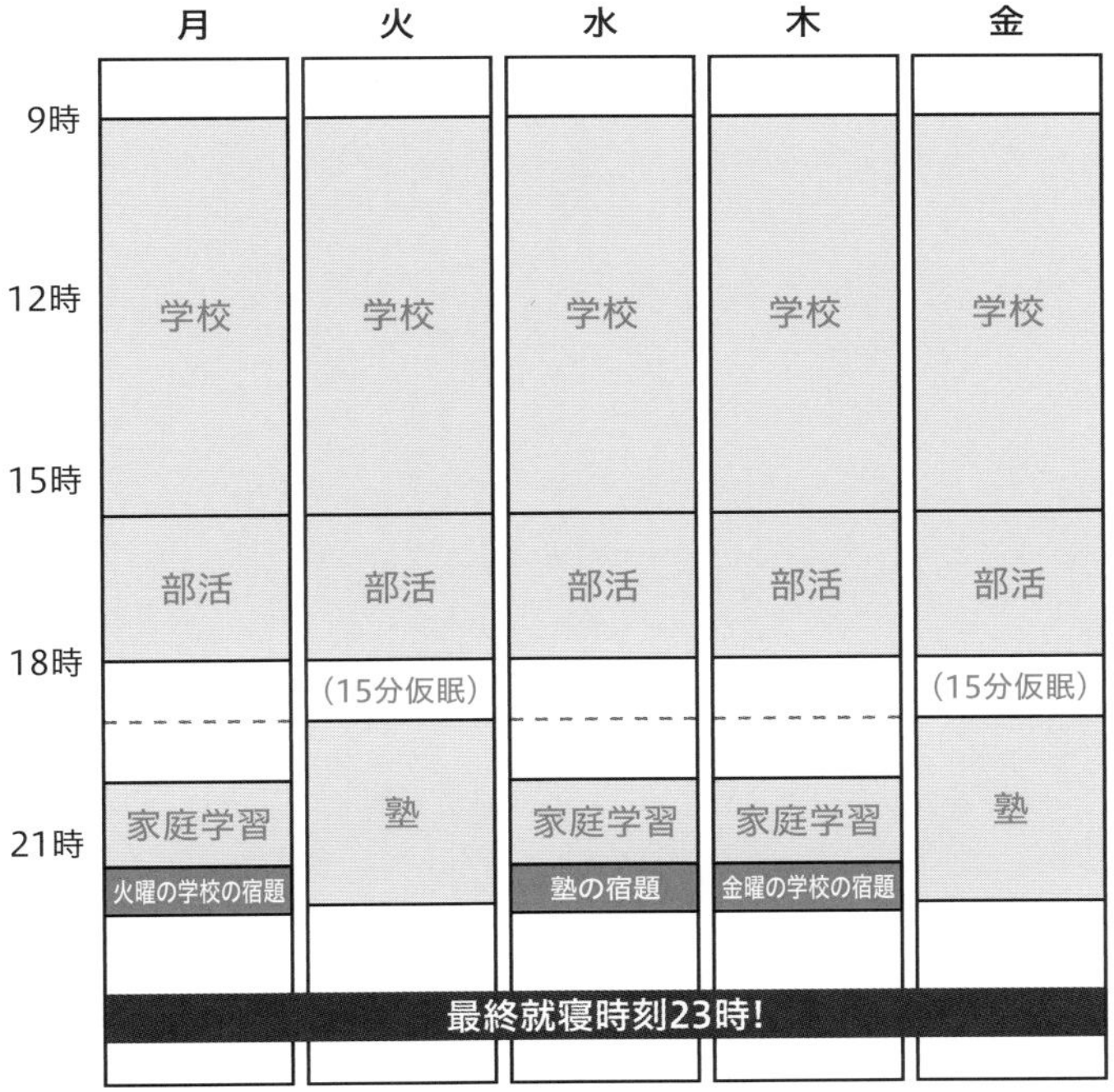

- 塾がある日の学校の宿題をやるタイミングは「当日の帰宅後すぐ」でもOKだが、「前日」がベスト。
- 塾で出された宿題は授業の次の日に終わらせる。
- 眠気がひどい日は、帰宅後すぐに短い仮眠をとる。
- 就寝時刻は、たとえ宿題がやれていなくても絶対守る。

以上、この章では部活や塾との両立の仕方についてお伝えしてきました。

私がお話しした内容を実行してもらって、ぜひ**「家庭学習」「部活」「塾」のトライアングル**を完成させていただきたいと思います。

さあ、この本もそろそろ終盤に近づいてきました。

次の章では、中学生活のなかでも大きな位置を占める**「入試勉強」**について見ていきます。

どうすれば志望校合格という栄冠を勝ち取れるのか？

私のこれまでの指導経験をもとに、そのあたりについてたっぷりと見ていくことにしましょう。

第6章

＼これで万全！／

高校入試で必ず栄冠を勝ち取る「中3からの勉強法」

1 まずは高校入試の年間スケジュールで「全体像」をつかもう

中学を卒業する頃、大半の子どもたちにとって人生の初めての岐路となる**「高校入試」**がやってきます。

義務教育ではないものの、9割以上の生徒が高校入試を経て高校に進学します。

そこでこの章では、中学生活最大のテストである高校入試で必ず栄冠を勝ち取るための**「中3からの勉強法」**についてお伝えしていきます。

最初に**「高校入試の全体像」**を見ていくことにしましょう。

全国共通で言える高校入試の重要基本事項を個条書きでお伝えします。

● **高校入試は1月〜3月の間に「私立高校→公立高校」の順番で実施される**

・私立推薦→私立一般→公立推薦→公立一般という順番が一般的

・大半の生徒が「私立推薦」と「公立一般」の形式で受験をして進学する
●私立推薦入試は受験前の時点での内申点や模試の点での合格確約が多い
●私立一般入試は「公立入試のためのすべり止め」として多く受験される
●公立入試は内申点と入試当日点の合計を合わせた点で志望校合格を争う
・その合わせる割合や何年生からの内申点を使うのかは都道府県ごとに変化する

各都道府県の高校入試システムの詳細は、6月頃に中学で実施される**「高校入試説明会」**やインターネットで確認してください。

重要基本事項を踏まえて、次ページに**「高校入試に向けた勉強の年間スケジュール」**をまとめました。

注目ポイントは、時期ごとの**「中間・期末テスト勉強」**と**「入試勉強」**に取り組むべき時間配分の割合です。

この表をじっくりと見て、まずは1年間の勉強の流れを把握してください。

いかがでしょう？　ザックリとでもいいので把握できましたか？

それでは、次から細かいことについて順を追って見ていくことにしましょう。

高校入試に向けた勉強の年間スケジュール

	勉強内容	その他
0学期 （2年3学期）	●勉強割合 中間・期末テスト勉強：入試勉強 9：1 →購入した入試向け教材を 進めてみる	●模試受験デビュー →志望校を仮で決定 ●入試向け教材を5教科準備 →学校で配布されるケースもある
1学期	●勉強割合 中間・期末テスト勉強：入試勉強 9：1 →部活を引退するまでは中間・期末 テスト中心の勉強	●高校入試説明会 →親子で入試システムを学ぶ ●三者面談 →入試への疑問を解消しておく
夏休み	●勉強割合 中間・期末テスト勉強：入試勉強 10（入試勉強） →入試勉強を本格スタートさせる 夏休みは宿題が終わり次第、 入試勉強に全力	●部活引退 →入試勉強本格スタート ●学校見学会参加 →2校〜3校は実際に見ておく ●模試受験 →夏休みの勉強の成果を見る
2学期	●勉強割合 中間・期末テスト勉強：入試勉強 5：5 →2つの勉強を並行して実施 テスト2週間前より中間・期末 テスト勉強のみに移行 12月より過去問演習開始	●三者面談 →志望校決定 ●模試受験 →冬休みに最後の受験を
3学期	●勉強割合 中間・期末テスト勉強：入試勉強 1：9 →学年末テストを終えたら 過去問演習を中心にして 入試勉強の仕上げを行う	私立推薦入試 私立一般入試 公立推薦入試 公立一般入試 ↓ 一般的には この順番で 入試を実施

※3学期制の中学の一例です。

2 「中3の0学期」が高校入試勉強のスタートライン！

まずは、**「入試勉強のスタート時期」**について考えてみます。

入試の勉強は、いつからスタートしていくべきなのか？

答えはズバリ、「中3の0学期」です。

中3の0学期というのは、言い換えれば「中2の3学期」のことです。

学校の指導現場で近年、生まれた言葉のようですね。

中2の3学期になったら、中学の学年集会で先生が生徒たちに話すのでしょう。

「中3の0学期だと思って、高校入試の準備を始めていこう！」と。

とはいえ、いきなり入試勉強をスタートできるわけではありませんから、そのための準備が必要です。

具体的には、以下の3つです。

- 模試を受験する
- 仮の志望校を決める
- 入試向け教材を準備する

この3つに中2の冬休みから取り組むのです。

最初に取り組むべきは**「模試の受験」**です。

中2の冬休み中に模試を受験しましょう。

模試とは、学校内ではなく都道府県内の他の同級生たちと受験をする、入試を想定してつくられたテストで、**「テスト結果」**とともに**「志望校の合格判定」**も出ます。

この時期に模試を受験してほしい理由は、自分の都道府県内での実力を確認し、仮の志望校を決定してもらいたいからです。

模試で志望校を複数校記入するために、事前に何校か候補を決めておきます。

家族や友だちに相談したり、ネットで検索するなどして、志望する高校のレベルと自分の実力との距離感を、ここで把握してください。

模試が返ってくれば**「志望校の合格判定」**も出ることでしょう。

ここで、明確に数値として**「いまの姿」**を自分の目で確かめてもらいます。

「あれ、私って、もっと上を目指せそう？」

「あれ、俺って、いまのままではこの高校には届かない？」

模試の結果を見ながら家族でいろいろと話すといいでしょう。

そして、ここで準備の2つ目。

「仮の志望校」を決定してください。

目指す具体的な高校を決め、その高校を目指すうえで必要な内申点や偏差値を確認し、勉強をスタートさせるのです。

この模試の結果をもとに、仮で決めた志望校について、あるいは学力を上げる方法についてなどを、家族で検討するといいでしょう。

さらには、気持ちが盛り上がっているであろうこの日に、入試へ向けた1レベル厳しさを上げた家庭内でのルールをも設定してしまいましょう（たとえば、テレビの視聴時間を減らす、スマホの使用時間を減らす、などといったことです）。

あとは、3つ目の**「入試向け教材」**を準備したら完了です。

これについては、次の項目でお伝えしていきます。

3 入試向け教材を揃えて各教科1冊をやり尽くせ！

入試勉強に取り組む前に準備しておくべきことの3つ目、「入試向け教材」——。

これを準備するタイミングは中2の冬休みです。

遅くとも模試が返ってくる1月末までには揃えておきましょう。

私の塾がある愛知県尾張地区の場合ですが、中2の3学期になると多くの中学で入試向け教材が5教科5冊、配布されます。

このように中学から教材が配布されるような地域であれば、ありがたくこちらを入試のメイン教材として利用していきましょう。

もしもそうでない場合は、**「市販の入試向け教材」**で準備していく必要があります。

私が入試勉強のメイン教材としておすすめするのは、まずは進研ゼミやZ会のような**「通信教材」**です。理由はすでにお伝えしたとおり、試行錯誤が重ねられているために完成度が高く、解説も細かいからです。

また、書店で購入できる市販教材でしたら、旺文社の**『中学総合的研究問題集』**シリーズがおすすめです。類書と比べて一番解説が詳しく、紙面の3分の1以上を割いて解答の解説がされているうえに、各単元の紙面も見やすいです。

各教科の辞書がわりに使えるという意味において、この問題集の本体である**『中学総合的研究』**とあわせての購入をおすすめします。

大切なのは、決めた「入試向け教材」を各教科1冊やり込むことです。

これは、中間・期末テスト前の勉強アドバイスのときにも伝えましたね。

不安な気持ちを落ち着かせるように、1冊目をまともにやり込まないまま2冊目の教材を買ってきてしまう子がいますが、これは成績が伸びない典型的なパターンです。

2冊がいずれも中途半端な仕上がりとなり、いいことは1つもありません。

まずは1冊目の教材をしっかりとやり込むことが大切です。

具体的に言えば、間違えた問題に印をつけながら、問題の解説をしっかりと読み、できなかった問題をできるようになるまで2回、3回と繰り返し取り組むのです。

答えの解説を読んでも理解できない問題は、**「周りの人」**に質問して解決していきます。

こうやってあらためて入試勉強への取り組み方を見ていくと、あることに気がついたかもしれませんね。

そう、入試勉強の取り組み方は、第3章でお伝えした中間・期末テストの取り組み方とほぼ一緒なのです。

違いと言えば、使用する教材の扱っているのが全範囲で、入試レベルまで掲載されて難易度が上がったくらいです。

入試勉強も中間・期末テストの勉強と変わらぬ手順で取り組み、しっかりと1冊目を仕上げていきましょう。

2冊目を検討するのは、その後で充分です。

なお、塾に通っている人は入試向け教材を自分で購入する必要があるかどうかを先に確認してください。

多くの塾で、入試対策教材を配布する予定があるはずです。

その場合は、塾から配布された教材に取り組みましょう。

4 「模試の結果」を最大限に活かす方法

入試勉強をスタートする準備として、中2の冬休みに模試を受験しましょうとご提案しましたが、模試は中3に入ってからも定期的に受験していくべきものです。

したがって、もう少し模試について、掘り下げて見ていきます。

まず、母体が一番大きくて評判のいい模試を受験してください。

「(都道府県名)高校入試　模試　最大」といったワードで検索をかけて、受験する模試を決定してください。

塾に通っている子は注意してほしいのですが、ある程度の規模の塾になると、自塾の利益のために受験者数の少ない模試を自塾で主催しているケースがあります。

「塾の模試を受けているから大丈夫」などと安心せず、受験者数の大きな模試もあわせて受験することをおすすめします。

また、模試は中3になってから最低3回は受験しましょう。

受験するタイミングは春休み、夏休み、冬休みです。

中2の冬休みに受験した模試は、志望校を探るきっかけと入試勉強スタートのファンファーレの役目でしたが、ここからの模試は違います。

中3になってからの模試は、2つのことを知るために受験します。


その2つとは、「都道府県内での自分の実力の位置」と「自分の弱点単元」です。


まずは、「都道府県内での自分の実力の位置」について。

志望校の合格判定で、これからどれくらい努力すればいいのかを、内申点と偏差値で具体的な数値として把握するのです。

「偏差値はあと5つくらい伸ばす必要があるのか」

「内申点はあと2つ伸ばせば、ゆとりをもって受験できそう」

といった感じです。そして、その結果によっては、

「ここならゆとりをもって合格できそう。もう1レベル上に挑戦しようかな?」

「いまから内申点を10伸ばすのは現実的じゃない。志望校を見直すべきか?」

といった形で志望校を再検討するきっかけにするのです。

次に、「自分の弱点単元」について。

広い範囲でのテストを受験することで、習ったもののなかから理解が浅い単元を見つけ出します。

そして、その理解が浅い単元を今後の復習課題とするのです。

まずは、その模試におけるミスを確認します。

問題1問ごとの正答率が明記されている模試ならば、「正答率50％以上の問題」を全部直すことが基本になります。

その際、いきなり「どんな正答率の問題でも全部直すべき」とは思わないでください。

そもそも模試というのはたいていの場合、平均点が60点前後になるように難易度が調整されています。

したがって、まずは皆が正解した簡単な問題をしっかりできるようにすることからスタートするのです。

あとは、いまの内申点もしくは目指す内申点によって、正答率何パーセントの問題までを直していくかと考えましょう。

正答率○％以上の問題が全て正解していたときにどれくらいの偏差値になるかを、愛知県下において最大規模の高校入試向け模試の結果で調べてみました。

結果は、次ページの図のようなものです（母体数は3万人弱）。

点数のバラツキによってももちろんズレは出てきますが、中3生3万人弱の模試のデータですから、これを目安にしてみましょう。

●正答率50％以上の問題が全て解けた↓偏差値50前後
●正答率40％以上の問題が全て解けた↓偏差値58前後
●正答率30％以上の問題が全て解けた↓偏差値64前後

これをもとに、教科の内申点ごとの、直しをする目安を書いてみました。

●教科の内申点2以下の子は正答率50％以上の問題まで直す
●教科の内申点3の子は正答率40％以上の問題まで直す
●教科の内申点4の子は正答率30％以上の問題まで直す
●内申点5の子は全ての問題を直す

愛知県最大規模の模試――2019年 冬データ（受験者数：約28000人）
正答率〇%以上の問題を全て正解したときの偏差値

		英語	数学	国語	理科	社会	5教科
正答率30%以上	偏差値	60.9	57.3	63.3	65.8	64.2	**64.2**
正答率40%以上	偏差値	56.8	52.9	56.4	58.3	59.2	**57.7**
正答率50%以上	偏差値	46.7	50.6	51.8	48.3	54.2	**50.2**

この基準を目安にしながら、自分が目指す偏差値に合わせて、直す正答率のパーセンテージを10％ほど前後させて決めてください。

この目安から大きく離れて難易度の高い問題に取り組んでみても、急に成果が出ることはありません。

基礎を固めて、実力相応の問題を確実にとれるようにする――。

この積み重ねの延長線上に難易度の高い問題があります。

焦らず取り組みましょう。

そして、この基準で模試の直しをしたうえで、次の**「長期休み」**が来たときに、できていなかった単元を重点的に復習することをおすすめします。

5 ［教科別］入試勉強を仕上げるタイミングの目安は？

さて、この項目では、教科ごとの仕上げのタイミングと入試に向けての勉強法についてお伝えしていきます。

中間・期末テストの勉強と同様に、入試の勉強についても「教科ごとで仕上げるべきベストなタイミング」というものが存在します。

入試の勉強は中間・期末テストの勉強と違って約1年の長期戦となりますから、これを把握しておくことはとりわけ大切です。

結論から言うと、ベストなタイミングは「春夏で英数を全力。秋冬で社理を全力」になります（国語については、後でお話しします）。

表現は多少違いますが、仕上げる順番は中間・期末テストと一緒です。

「記憶が抜け落ちにくい理解系の教科を先に仕上げ、暗記系の教科を入試前に繰り返し取り組む」というのが基本です。

通信教材の進研ゼミでも、入試対策教材が届く順が**「英↓数↓国↓社↓理」**となっているようですが、この一致は偶然ではありません。

ただし、中間・期末テスト前と違って長期戦なので、並行して5教科に取り組みつつ、時期によって教科の取り組む比重を変えていきます。

たとえば、中3の1学期の1週間で取り組む5教科の入試勉強は、**「英語2日・数学2日**・国語1日・社会1日・理科1日」という7日間に。

これが中3の2学期後半の1週間で取り組む5教科の入試勉強となると、「英語1日・数学1日・国語1日・**社会2日・理科2日**」という7日間になります。

続いて、入試勉強の内容を教科ごとについて見ていきます。

まず前半に取り組むべき教科について。

すでにお話ししたように、理解系の英語・数学から重点的に取り組んでいきます。

具体的には、英語・数学は1学期・2学期で集中的に取り組み、冬休みが終わるまでには仕上げます。

なかでも英語は、入試長文問題に対応できるように**「文法」**と**「英単語」**をしっかりと身につける必要があるので最優先です。

そこで、まずは英語から確認していきましょう。

①英語の入試勉強

長文問題に対応できるよう、春から**「英単語・英熟語」**に取り組みましょう。

具体的には、市販の**「英単語帳」**を使う場合、公立高校であれば最低800語まで、難関私立高校であれば最低1200語までマスターしておきたいところです（英熟語は掲載熟語の全て）。

おすすめの英単語帳は、チェックテストができるアプリも用意されている**『ランク順シリーズ』**（学研プラス）か**『ターゲットシリーズ』**（旺文社）です。

実際、『ランク順シリーズ』は自塾で使用した際にも調べてみたのですが、最初から800語までの単語をマスターすれば、愛知県公立高校入試問題の場合、英語長文の96％の単語を理解できることがわかりました。

中3の0学期からスタートして、夏休みの終わりの段階で入試レベルの英語長文問題で知らない英単語がほぼない状況をつくることを目指して、まずは800語をマスターすることから取り組んでください。

また、私の塾ではリスニング問題が苦手な生徒に、ネイティブの音声変化について学習ができる**「リスニングハッカー」**というリスニング対策アプリに取り組んでもらっています。

これで英語の音声変化のルールを学ぶと、グッと英文が聞きやすくなります。**「春の模試ではリスニングが0点だったのに、夏の模試ではリスニングで満点をとることができた！」**という子が続出しました。

仕上がるまでに時間がかかる教科ではありますが、逆に言えば仕上がってさえしまえば安定的に点数がとれるのが英語なのです。

② 数学の入試勉強

「計算問題」については中3の1学期に全て学び終えるので、夏休みの終わりまでには入試レベルの計算問題が安定して解けるように取り組みます。

そして夏以降も入試の数学の勉強をするときには、頭の準備運動のように必ず毎回、数問の計算問題に取り組んでください。

その他、学ぶ内容を大きな区分けで言うと**「関数」「図形」「資料の活用（確率や相対度数など）」**の3つです。

「関数」や「図形」は学年をまたいでつながっている、とても大きな単元ですから、仕上がるまでに時間がかかります。

対して「資料の活用（確率や相対度数など）」は単元間のつながりの薄い小さな単元で、仕上がるまでの時間は短めです。

まずは、この単元ごとの特性を知っておいてください。

基本はそのまま**「関数→図形→資料の活用」**の順で取り組むといいと思いますが、数学がとても苦手な子は先に「資料の活用」を仕上げるのも1つの方法です。

さて、後半戦。

ここからは暗記系の社会と理科に力を入れてもらいます。

社会と理科は英語や数学のように積み重ねの教科ではありませんから、自ら復習に取り組まないかぎり内容を思い出す機会がありません。

とはいえ、あまりに早く取り組みすぎると、記憶から抜け落ちてしまいます。

したがって、暗記系の社会と理科は入試が近づくにつれて、より時間を割いて取り組むことで、記憶に刻みつけていくのがコツです。

基本的には、2学期・3学期で取り組み、入試ギリギリ直前で仕上げます。

③社会の入試勉強

社会は単元間の結びつきがほぼないので、どこから復習をしてもいいのですが、おすすめの復習タイミングがあります。

それは、「社会の歴史は夏休み中にひととおり仕上げる」というものです。

お気づきのとおり、社会の歴史だけは学ぶ内容がずっと縦につながっていて、前の時代の出来事を受けて次の時代の出来事が起こったりしています。

高校入試では、中間・期末テストと違って時代を超えた広く総合的な問題が出題されますから、時代間のつながりや出来事の前後関係など、つながりを身につける必要があるのです。

歴史は必ず夏の間にひととおり仕上げることができるようにスケジュールを組んでください。

④ 理科の入試勉強

理科も基本的に社会と似た性質の教科です。単元間の結びつきが薄いので、どこから復習をしてもOKですが、理科にもおすすめの復習タイミングが存在します。

単元が「物理」「化学」「生物」「地学」と大きく4つに分かれていますが、**「物理・化学を先に仕上げる」**というものです。

暗記系教科とお伝えしてきた理科のなかでも「物理・化学」は理解を伴う理解系単元で、一度理解をしたら記憶が抜けにくいところです。

暗記系単元の「生物・地学」はより入試に近い時期に確認をするようにして、先に「物理・化学」の単元を仕上げるように取り組んでみてください。

⑤ 国語の入試勉強

さて、ここまでで国語の学習タイミングに関して何も書いていませんでした。

その理由は、入試勉強の国語は時期に関係なく一定のペースで継続的に取り組んでほしいからです。

国語も入試向け教材を順に取り組んでいきますが、各単元に取り組む前に、まずは

181ページでおすすめした**『やさしい中学国語』**（学研プラス）を先に読んでからにすると学習がスムーズになります。

「論説文・小説・古文・漢文」など国語のメイン部分は活字に触れる貴重な機会として、不明な語句を調べながら取り組んでください。

継続して取り組んで数をこなすことで、入試レベルの読解問題に慣れていき、語彙も地道に増やすことができます。

「漢字・四字熟語・慣用句」など暗記要素の強い部分だけは、入試直前に再度取り組んでおきましょう。

入試に**「小論文・作文」**が出題される都道府県では、この対策も必要です。

市販教材では**『高校入試　塾で教わる　小論文・作文の書き方』**（KADOKAWA）がおすすめですが、最終的には**「自分が書いたものを人に添削してもらう」**ことが一番重要です。

学校の国語の先生か担任の先生、あるいは塾の先生にお願いをして、自分で書いた小論文・作文を添削してもらって対策をしましょう。

6

部活を引退して迎える夏休みが入試勉強の正念場！

中3の0学期にスタートして、部活や通常の授業の勉強の合間を見つけて取り組んできていた入試勉強ですが、夏休みを迎えて部活を引退すれば、大きな時間が手に入ります。

この夏休みの大きな時間を使って、入試勉強が本格的にスタートします。

学校の授業が止まった状態で、なおかつ部活に時間をとられることなく、40日もの長い期間を毎日、入試勉強にあてることができるのは、後にも先にも夏休みだけです。

「夏を制する者が受験を制する」「夏は受験の天王山」と言われることがありますが、これはやはり本当です。

サボって遊んですごした40日と、入試へ向けて努力を重ねた40日――。

ここで開いた差は、縮まることがありません。

この項目で夏休みの勉強の仕方を確認して、いい夏にしていきましょう。

ここでは、夏休み全体のスケジュールを中心にお伝えしていきます。

先にもお話ししたように、夏休みが始まったら最初の1週間で学校の宿題を全て終えてください。

部活がないので、じっくり取り組めるのも中2までとの大きな違いです。

次に夏休み2週目からの4週間、ここがメインの入試勉強タイムです。

1日の勉強時間の目安は6時間以上。

学校も部活もありませんから、なんてことありません。

私の塾でも難関校を目指している子になると10時間を超えて取り組んでいます。

中間・期末テスト前の土日をイメージして日々取り組むことです。

具体的には1日に2教科〜3教科、これまで習ってきたことの復習に取り組んでいきましょう。

すでにお伝えしたように、夏休みではまず**「英語」「数学」**で習ったところは全部やりきることです。

社会の**「歴史」**に関しても時代の縦のつながりを意識すべく、この夏の間でやりきります。

理科も先に理解系の**「物理・化学」**分野をやりきります。

基本的にこの4つを夏休み中にやりきることを軸としながら、ここに「国語」と「社会（地理・公民）」と「理科（生物・地学）」を加えつつスケジュールを立ててください。

英語と数学をやりきるのは夏休み4週目の終わり、社会の歴史と理科の物理・化学は夏休み5週目の終わりを目指しましょう。

そして、8月の最終週は**「調整期間」**としてとっておきます。

4週間という長期の学習計画であれば、予定どおりにいかないことのほうが多いはずです。

そんなときのために予備として最終週を調整期間としてとっておくのです。

一方、もしも予定どおりに学習計画が進んだならば、自由に考えて取り組んでください。

この4週間で取り組んだ復習で間違えた問題の解き直しをすることで「できないをできる」ようにしたり、社会（地理・公民）と理科（生物・地学）に取り組んだりするといいでしょう。

夏休みラスト数日は、**「2学期の授業の予習」**をします。

現に塾では「2学期予習講座」などという名前で、夏休みの終わりは予習をするところが多いようです。

なお、260ページと261ページに**「中3生の『夏休み全体の勉強予定例』」**と**「中3生の『夏休みの週間勉強予定例』」**を掲載しました。

この2つの例を参考に、ぜひ自分に合った計画を立てて、意義深い夏休みにしてほしいと思います。

中3生の「夏休み全体の勉強予定例」

月	火	水	木	金	土	日
7/21	22	23	24	25	26	27
学校の宿題（7/21〜26）						進度調整日
28	29	30	31	8/1	2	3
英・数・社（歴史）（28〜8/1）					理・国	進度調整日
4	5	6	7	8	9	10
英・数・社（歴史）（4〜8）					理・国	進度調整日
11	12	13	14	15	16	17
英・数・理（物理・化学）（11〜15）					社・国	進度調整日
18	19	20	21	22	23	24
社（歴史）・理（物理・化学）（18〜22）					社・国	進度調整日
25	26	27	28	29	30	31
調整期間（25〜29）					2学期予習（30〜31）	

- 1日2教科〜3教科、1教科あたり2時間を目安に取り組む。
- 最終週は取り組んだ復習の仕上がり具合を見て復習教科を決定。
- 社会の地理や公民、理科の地学や生物に取り組んでもOK。

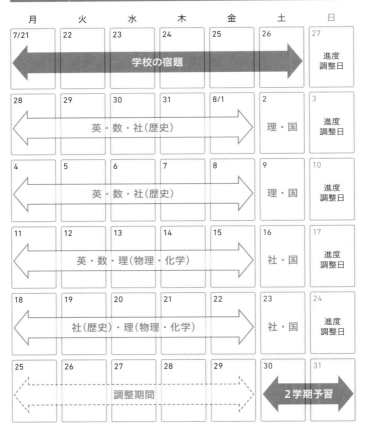

中３生の「夏休みの週間勉強予定例」

	月	火	水	木	金	土	日
9時	入試英語	入試英語	入試英語	入試英語	入試英語	入試理科	進度により調整
12時	入試数学	入試数学	入試数学	入試数学	入試数学	入試国語	進度により調整
	入試社会	入試社会	入試社会	入試社会	入試社会	入試理科	進度により調整
15時							
18時	入試英語	入試英語	入試英語	入試英語	入試英語	入試理科	進度により調整
21時	入試数学	入試数学	入試数学	入試数学	入試数学	入試国語	進度により調整
	最終就寝時刻23時！						

- 学校の宿題終了後の夏休み２週目を想定。
- 夏休みで理解系の英語と数学の復習を終える。
- 社会の歴史と理科の物理・化学も復習を終える。

7 入試に向けて「塾」を積極的に利用しよう

前の項目では夏休みの入試勉強の進め方についてお話ししたわけですが、なかには不安になった人もいるかもしれません。

「言いたいことは理解できるけど、本当に自分にできるだろうか？」

こんな場合は、ぜひ近くの塾の**「夏期講習」**を利用してください。

地域トップの高校に進学するような勉強が得意な子であっても、**「中3の夏休みだけは塾に行っていました」**という例は多々あります。

それだけ夏休みの大きな時間を自分の力だけで勉強に使っていくことは難しいため、塾の夏期講習も利用しながら取り組んでいるということですね。

塾の選び方は前の章でお話ししましたが、夏休み期間はとくに**「自習スペース」**を利用できるかどうかを軸にして選ぶことをおすすめします。

いまやスマホやポータブルゲーム機の登場で、自宅学習の難易度は格段に上がっており、そんな背景から、**「家での勉強はあてにならないから、塾で目の前で勉強してもらおう」**と、ここ10年で自習スペースを備える塾が急増しています。

家での勉強に不安があるために塾の力を借りるわけですから、自分の勉強も塾の場の力を借りて進めたいものです。

ぜひ、自習スペース完備の塾を狙っていきましょう。

塾をうまく利用して勉強のペースをつくっていき、他の生徒たちからの刺激ももらえたら、なおいいですね。

さて、ここまでのところでは夏期講習から入塾することをイメージしてご説明してきましたが、塾側から言わせてもらえれば、入試に向けて塾の力を借りることが決定しているならば、中2の3学期までに入塾してもらうのがベストであると思っています。

先にもお話ししたように、中2の3学期は**「中3の0学期」**として入試に向けた貴重な準備期間で、遅くともここから指導させてもらいたいからです。

塾に入るということは、新しい勉強習慣をいままでの自分のやり方のなかに組み込んでいくということです。

じつは、この組み込みがうまくいかずに勉強全体のバランスを崩してしまい、一時的に勉強の調子を落としてしまう生徒がけっこういるのです。

そんなことからも、この「うまく塾の指導になじめるかどうか？」については中2のうちに確認しておくことをおすすめします。

3年生に上がるまでに生徒は塾に慣れ、塾は生徒を理解し、万全の態勢で受験学年のスタートを切る――。

これが理想の姿です。

なお、塾の夏期講習に参加する場合の**「中3生の『夏休みの週間勉強予定例』」**を次ページに掲載しました。

英語と数学は塾の指導にお願いをして、自分で取り組む時間をグッと減らして予定をつくっています。

自分で決めた課題と塾で出る宿題に昼夜問わず取り組むハードな毎日にできるといいですね。

［通塾版］中３生の「夏休みの週間勉強予定例」

	月	火	水	木	金	土	日
9時	入試理科	入試理科	入試理科	入試理科	入試理科	入試理科	進度により調整
12時	入試社会	入試社会	入試社会	入試社会	入試社会	入試社会	進度により調整
15時	塾の講習（英・数）	入試国語	塾の講習（英・数）	入試国語	塾の講習（英・数）	入試国語	塾の講習（英・数）
18時	塾の宿題	入試英語	塾の宿題	入試英語	塾の宿題	入試英語	塾の宿題
21時	塾の宿題	入試数学	塾の宿題	入試数学	塾の宿題	入試数学	塾の宿題

最終就寝時刻23時！

- 学校の宿題終了後の夏休み２週目を想定。
- 塾で教わる内容にしっかり取り組むことが第一。
- 塾の指導を受けない教科を中心に自分で取り組む。

8 2学期の追い込みで取り組むべき入試勉強

長い夏休みを終えて2学期に突入し、中学生活が再開――。

この時点で、都道府県の多くでは公立高校入試まで残り6カ月ほどとなります。**入試勉強の後半戦のスタートです。**

2学期に入ってから部活がなくなり時間のゆとりは少しできるものの、中間・期末テストも気が抜けない時期です。

ここから、どう勉強していくべきか？

「入試追い込み期に取り組むべき勉強」について確認をしていきましょう。

まず、秋から取り組む入試勉強について一番大切なのは**「時間の確保」**です。

当たり前のことですが、そのためにはこの作戦しかありません。

部活をしていた時間を、そのまま勉強する時間にあてる――。

授業後から夕食までのポッカリ空いた時間を、そのまま勉強時間にするのです。

部活が夏で引退になるのは、入試の勉強をしてもらうための配慮ですよね。

それをきちんと受け止めて、勉強の実行を目指します。

とはいえ、これが実際にはなかなか難しいのです。

私の塾では自習室を平日は15時から開放していますから、やる気に満ちあふれている中3生は、9月以降は16時頃から我先にと自習室にやってきます。

もはや「自習部」という部活に再入部したかのようです。

いま、ご紹介したのが理想の展開です。


部活が授業後にすぐ始まるように、帰宅後、一息つかずにそのまま勉強に突入していきましょう。


次は、**「実際に取り組む内容」**についてです。

すでにお伝えしたように、秋からの入試勉強の主役は**「社会」「理科」**です。

暗記要素の大きなこれらの教科は、入試に近い時期に繰り返し取り組むことで、入試当日によどみなく頭のなかから記憶を取り出せるようにすることを目指します。

入試では社会も理科も、学んできた単元がバランスよく出題されるようにつくられているケースが多くなっています。

社会ならば「歴史」「世界地理」「日本地理」「公民政治」「公民経済」の5分野。

理科ならば「物理分野」「化学分野」「生物分野」「地学分野」の4分野。

単元ごとのつながりはありませんから、自分の好きな分野から取り組んでいけます。好きな分野から取り組んで勢いを出すのも1つの手段。

苦手な分野を先に攻略して、早く心にゆとりをもつというのも1つの手段。

自分の性格に合わせて取り組んでいきましょう。

なお、2学期の勉強は中間・期末テスト勉強と入試勉強を半々で並行して取り組み、**テスト2週間前には入試勉強を完全にやめて、いつもの中間・期末テスト勉強のスケジュールにします。**

そうすることで、内申点を確実に稼いだうえで、その後の入試勉強にしっかり取り組む、というのがおすすめの流れです。

次ページに、**「中3生の『2学期の週間勉強予定例』」**を掲載したので、参考にしてみてください。

中3生の「2学期の週間勉強予定例」

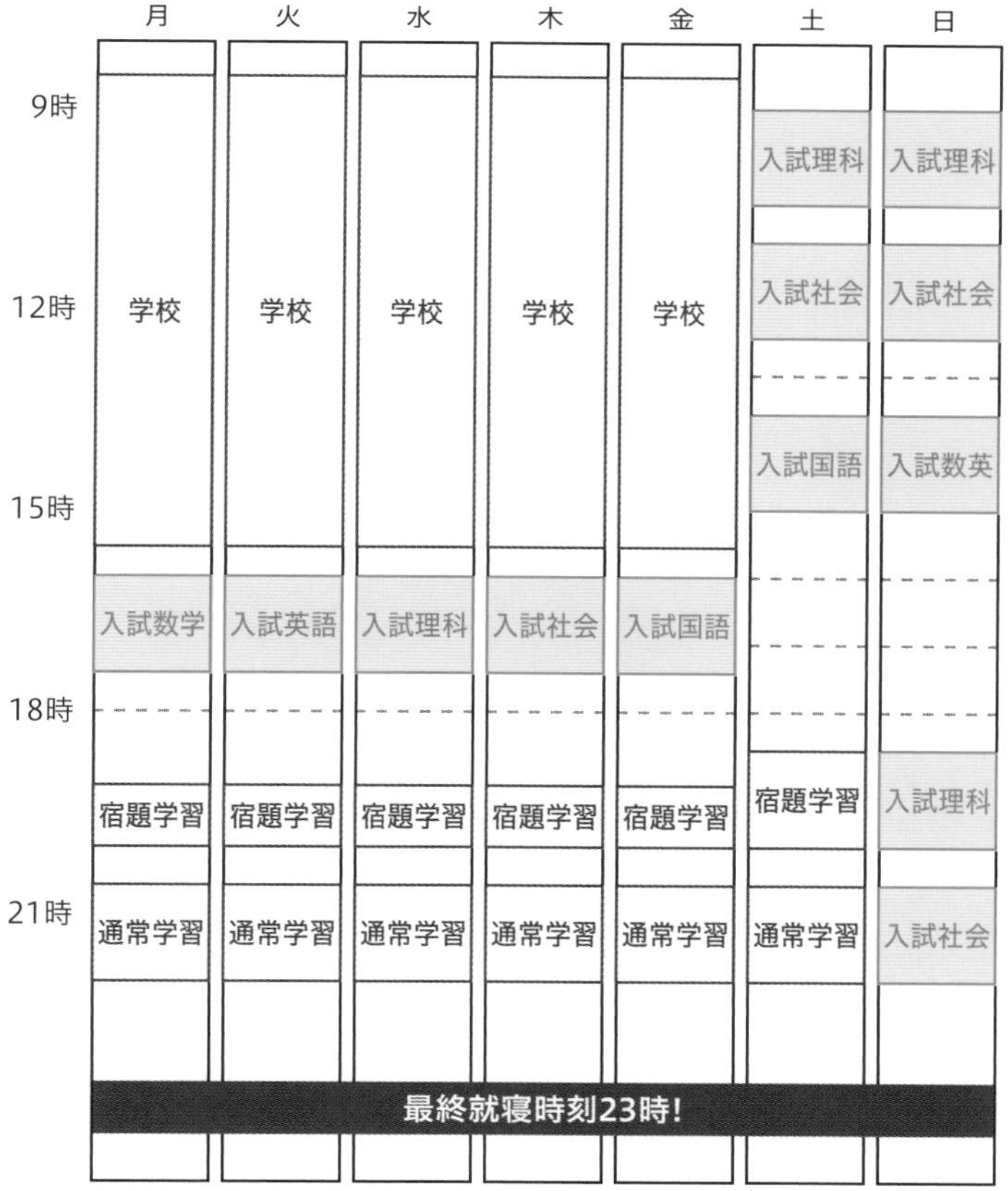

- 部活があった時間をそのまま入試勉強にあてる。
- 中間・期末テスト勉強と入試勉強を半々で並行して取り組む。
- 中間・期末テスト2週間前から全て中間・期末テスト勉強にする。

9 中3の12月以降は「過去問演習」中心で！

中3の2学期は、あっという間に過ぎていきます。

また、3学期制で2学期の期末テストが11月末に終わる頃には、入試向け教材もひとおりやり終えていることでしょう。

学校で新たに学ぶ内容もわずかになってきて、12月以降と3学期はいよいよ**「入試へ向けた最終仕上げの段階」**になってきます。

この時期の勉強をひと言で表すならば、**「『過去問演習』を中心にして取り組む！」**ということになります。

勉強についてよく部活でたとえるのですが、運動部は大会が近づくと練習試合を行って、実戦で仕上がり具合を見ていきますよね。

練習試合でよかったところと悪かったところを確認し、悪かったところを練習して修正していく、というのが大会前の部活の取り組みです。

これと同じことを勉強でも行っていくのです。

入試が近づいてきたので、**「過去問」**を使って本番を想定して解いてみます。

入試の順番どおりに教科を解いて、制限時間を守って、解答用紙を使って……。

これで、まずは**「実際の問題の内容や量に慣れて時間配分を考える」**ことができるようになります。

数年分解いておけば、テスト当日に落ち着いて取り組むことができるでしょう。

大切なのは、**「理解の浅い単元を見つけ出し、復習のきっかけにする」**ことです。

模試と同じ役割ですね。

復習するべき単元を過去問演習を通してあぶり出し、その単元について入試向け教材に戻って復習していきます。

過去問演習を始めるタイミングについては、都道府県や指導者の考えによってさまざまではありますが、私は「12月に入ったところから」することをおすすめします。

その理由は、あまりにも早くから取り組んでしまうと、学校でまだ習っていなくて解けない個所が増えますし、逆にあまりに遅いと、演習回数が少なくなるからです。

また、12月に入ったところで過去問演習を何回かやれると、大きな時間がある冬休みで、どこを復習しようかと見当をつけることもできるようになるからです。

次に、過去問演習をする際には、少なくとも4年〜5年分、2回目の演習も、少なくとも最新から2年分取り組んでください。

理由としては、これくらいの回数を演習することでその高校の傾向に慣れてほしいということと、2回目の演習で1回目のミスが減らせているかどうかを確認してほしいということがあげられます。

もっと言うと、難関校を目指す子に関しては、これにプラスして書店で販売している各都道府県の **「模擬予想テスト」** にも取り組んでほしいところです。

いずれにしても、**「過去問演習を中心にしながら、必要に応じて単元復習に戻る」** というのが、最終仕上げの段階における勉強の基本になります。

もしも過去問演習での点数が目指す点に大きく足りないときは、過去問演習をやめるか減らすかして、じっくり単元復習に時間を割いてください。

それが、合格という栄冠を勝ち取るうえでの大きな武器になることでしょう。

中3生の「3学期の週間勉強予定例」

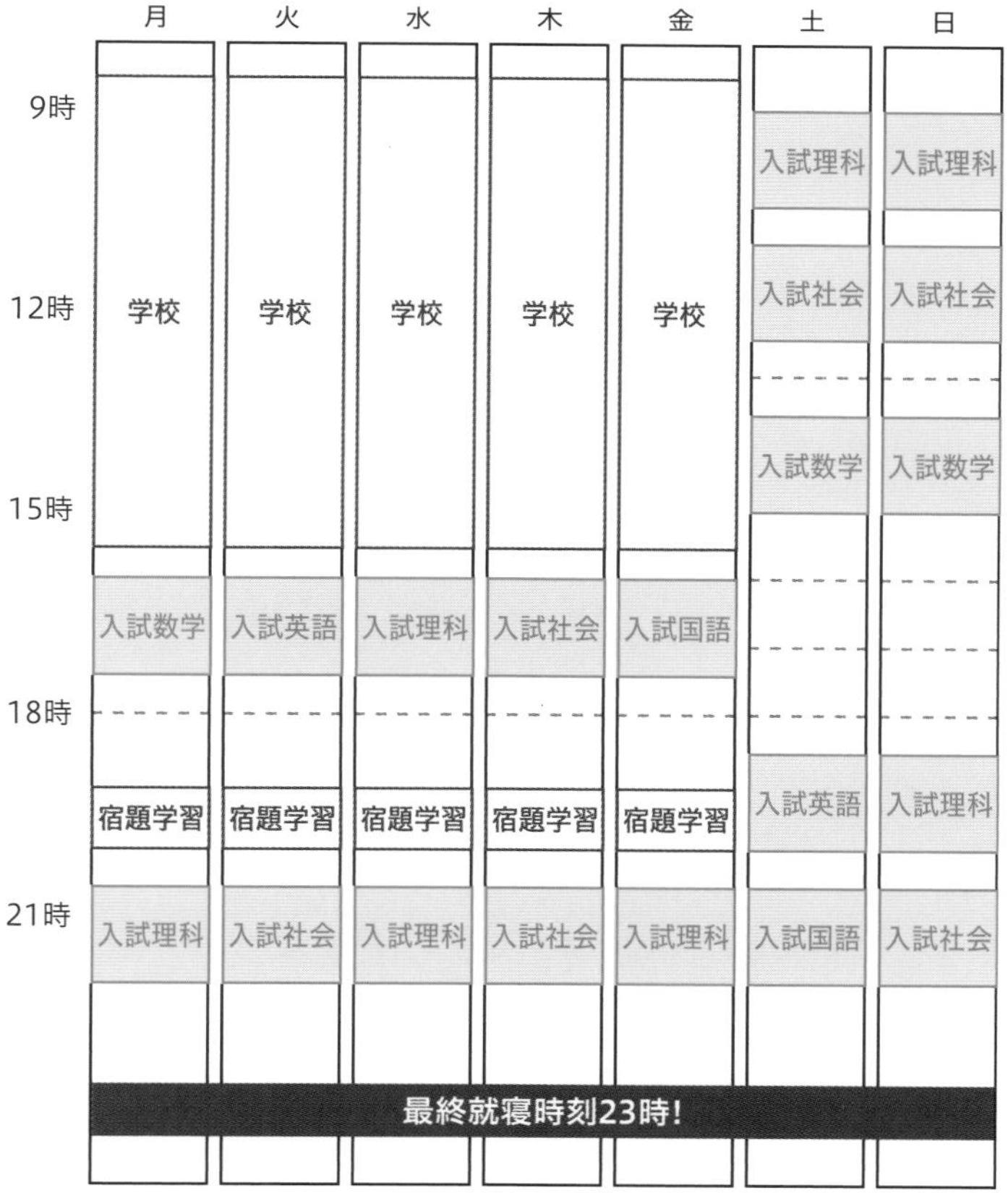

- 学年末テストを終えたら宿題以外を入試勉強にする。
- 過去問演習を中心に行い、理解の浅い単元を探して復習する。
- 暗記系の理科や社会を重点的に勉強する。

10 さらに上を目指す子におすすめする勉強法

最後に、これまでに示してきた学習内容では時間が余ってしまう子や、難関校にチャレンジをする子に向けて、**「勉強時間をグッと節約できる勉強法」**と、**「しなやかな学力を身につける教材」**をお伝えしておきます。

まず、入試向け教材が手元に揃ってからできるようになる中3からの勉強法について。

中3で学ぶ内容は、中間・期末テスト勉強時に入試レベルで仕上げる――。

中間・期末テストの勉強と入試勉強は別物のような区分けを感じるとは思いますが、言ってしまえば大きな違いは難易度だけです。

であれば、中3の中間・期末テストで出題範囲となった単元は、学校配布教材が仕上がった後に入試向け教材も使って入試レベルで仕上げておいたほうがいいでしょう。

なぜなら、その単元を後からあらためて入試のために勉強し直す必要がなくなるからです。

つまり、中間・期末テスト勉強に入試勉強を重ねるというわけですね。

2度勉強する手間を1度にしてしまうことを目指すのです。

実際、同じ都道府県内の入試過去問などが、中間・期末テストでそのまま出題されることもあります。

こんな事態になったとしても、入試レベルで仕上げてあれば、問題文が長かろうが内容がひねってあろうが、あわてることがありません。

いかがでしょう？

この中間・期末テスト対策と入試対策を重ねるという勉強法、いいことしかないと思いませんか？

とはいえ、これを実行するのは決して容易なことではありません。

何しろ、入試レベルの問題をどんどん解けるように準備せよということですからね。

したがって、この方法については、難関校を目指す場合や、得意な教科においてチャレンジしてみてほしいと思います。

もう1つは、地域トップ校を目指すような子に取り入れてほしい「教材」についてです。

塾業界において、その大きさと分厚さから**「電話帳」**というニックネームで呼ばれている教材があります。

『全国高校入試問題正解』（旺文社）というシリーズです。

見た目だけでなく、中身も難易度が高く濃厚。

タイトルのとおり、日本全国の高校入試の問題が集められた教材です。

私の知り合いの塾でも、地域トップ校を受験するような子が集まる進学塾では、この「電話帳」を使って指導するケースが多く見られます。

もしも高校入試で目指すものが「合格」だけであるならば、自分の都道府県の過去問集だけで演習を重ねればいいでしょう。

出題傾向もわかりますし、学ぶ内容にロスがありません。

しかし、地域のトップ校に集まる子たちというのは、もっと力をもっていて、そこからさらに学力を伸ばすべく勉強しています。

合格だけを目指すような勉強をしていては、運よく入学できたとしても、その先が思いやられます。

目指すべきは、もっと先で、もっと上です。

したがって、どんな出題傾向であっても対応できるような、しなかやかで高い学力を身につけたいならば、「電話帳」に取り組んでいくことをおすすめします。

ちなみに「電話帳」を使い始めるタイミングは、1冊目の入試向け教材をひととおり終えてからです。

夏が過ぎた頃からでしょうか。

各単元の復習時に併用していきましょう。

こちらも簡単にサラサラとお話ししていますが、実行は先にご紹介した勉強法よりもさらにハードルは高くなります。

わからない問題について質問をした際、その対応相手にも負担をかける教材です。

その気があれば、書店に行って親子で実際にこの教材を開いてみて検討してください。

子ども本人はやってやろうと思えるかどうか？

保護者は質問への対応の態勢を準備してあげられるかどうか？

この2つが揃えば、購入することをおすすめします。

「ゆとりある合格」へ向けた強い味方となること請け合いです。

以上、この章では「高校入試で必ず栄冠を勝ち取る『中3からの勉強法』」をお伝えしてきました。

なるべく具体的に、今日から取り組めるように書きました。

中3の0学期を迎えたときに、ぜひ1つひとつ実行に移していってください。

必ず大きなお力になれることでしょう。

おわりに

「努力できる人」には無限の可能性がある――

この本では、私が塾の指導現場で25年以上の試行錯誤の末に生み出した中学生の勉強法についてお話ししてきましたが、最後に、私が指導者として一番大切にしていることについてお伝えさせてください。

私は縁あって入塾してきた子どもたち全員に対して、日々、**「努力ができる人になってほしい」**と強く想い、指導をしています。

それは、努力こそが勉強の才能にかかわらず、だれもが身につけることができる最高の力であると信じているからです。

「勉強は運動と同じように、その能力や伸びる幅に個人差がある」

日本人はこの事実に対してハッキリ言うことはあまりありませんが、これは紛れもない事実です。

「訓練をすれば、だれもが100メートル走で10秒を切れる」ということがないように、

「訓練をすれば、だれもが定期テストで５００点満点をとれる」ということは現実にはありません。

この事実を受け止めたうえで、私は子どもたちに伝えます。

「一生懸命、努力するんだよ。君にとってのベストの更新ができるように」

「一生懸命、努力することに才能はいらないよね。ここにいる全員ができるからね」

生徒全員に満点をとらせることはできませんが、生徒全員が努力を重ねること、自己ベストを更新することはできるはずです。

私は子どもたちの学生時代のひとときだけ、勉強の手伝いをしていますが、勉強を通して「努力」を身につけてもらえたならば、この先ずっとそれが活きてきて、楽しい日々をすごしてもらえるのではないかと思っています。

たとえば、子どもたちがこの先の人生で新しい知識や技術を身につける必要がある場面に直面したとき、

「あのときみたいに一生懸命、努力すればいいんでしょ？　楽勝！」

という気持ちで、前向きに挑戦できたらいいなと思うのです。

こんなに分厚い本をここまで読んでくれた中学生のあなた。

あなたは、もはや私にとって大切な生徒の1人です。

私は、あなたにも一生懸命、努力ができる人になってほしいと心から願っています。

どうかこの本に書かれた勉強法を実践し、「成績アップ」とともに「努力」を身につけてください。

あなたが中学での成績アップをきっかけとして、その後の長い人生において努力をもとに楽しい日々をすごしてくれたならば、これにまさる喜びはありません。

あなたの今日からの努力に期待します。

私もより多くの方の力になれるよう、引き続き努力を重ねます。

一緒に努力を重ねていきましょう。

最後に、この本の完成にご尽力いただいた大和出版の竹下さんをはじめ、いままで私を支えてくれた全ての人に感謝の気持ちを伝えさせてください。

本当にありがとうございました。

さくら個別指導学院　代表　國立拓治

学年順位アップ率 96.6%！
[くにたて式《しき》] 中学勉強法《ちゅうがくべんきょうほう》

2020 年 10 月 31 日　初版発行
2024 年 4 月 17 日　12刷発行

著　者……國立拓治《くにたてたくじ》
発行者……塚田太郎
発行所……株式会社大和出版
東京都文京区音羽 1-26-11　〒112-0013
電話　営業部 03-5978-8121／編集部 03-5978-8131
https://daiwashuppan.com
印刷所……誠宏印刷株式会社
製本所……株式会社積信堂

ISBN978-4-8047-6351-4

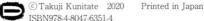